国 务 院 研 究 室 调 研 成 果 选

黄守宏 / 主编

中国经济社会发展
形势与对策（2020）

围绕保障和改善民生

推动社会事业改革发展

中国言实出版社

图书在版编目（CIP）数据

中国经济社会发展形势与对策 . 2020. 围绕保障和改善民生　推动社会事业改革发展 / 黄守宏主编 . -- 北京 : 中国言实出版社 , 2020.9

ISBN 978-7-5171-3551-7

Ⅰ . ①中… Ⅱ . ①黄… Ⅲ . ①中国经济 — 经济发展 — 调查研究 — 2020 ②社会发展 — 调查研究 — 中国 — 2020 Ⅳ . ① F124 ② D668

中国版本图书馆 CIP 数据核字（2020）第 159669 号

出 版 人　王昕朋
责任编辑　郭江妮
责任校对　敖　华

出版发行　中国言实出版社

地　址：北京市朝阳区北苑路 180 号加利大厦 5 号楼 105 室
邮　编：100101
编辑部：北京市海淀区花园路 6 号院 B 座 6 层
邮　编：100088
电　话：64924853（总编室）　64924716（发行部）
网　址：www.zgyscbs.cn
E-mail：zgyscbs@263.net

经　　销　新华书店
印　　刷　北京温林源印刷有限公司
版　　次　2021 年 1 月第 1 版　2021 年 1 月第 1 次印刷
规　　格　710 毫米 ×1000 毫米　1 / 16　12 印张
字　　数　125 千字
定　　价　46.00 元　ISBN 978-7-5171-3551-7

本书编委会

CONTENTS | 目录

二、提高基本医疗服务水平

三、应对人口老龄化与养老服务业发展的思考和国际经验节俭

四、加强和创新社会治理

紧扣全面建成小康社会目标任务
做好“六稳”工作 落实“六保”任务

——2020年《政府工作报告》解读

（代序）

黄守宏

刚刚闭幕的十三届全国人大三次会议，审议通过了李克强总理所作的《政府工作报告》（以下简称《报告》）。《报告》坚持以习近平新时代中国特色社会主义思想为指导，深入贯彻党的十九大和十九届二中、三中、四中全会以及中央经济工作会议精神，按照以习近平同志为核心的党中央关于统筹推进新冠肺炎疫情防控和经济社会发展工作的重大决策部署，总结了过去一年和今年以来的政府工作，阐述了今年推动经济社会发展的总体要求、主要预期目标、宏观政策取向，对下一阶段重点工作作出了部署，是做好政府工作的纲领性文件。

一、来之不易、成之惟艰的经济社会发展和疫情防控成就

过去一年和今年前几个月，对我国来说是极不寻常、充满严峻考验的一个时期。2019 年我国发展面对的是世界经济增速降至国际金融危机 10 年来最低、国际经贸摩擦加剧的外部环境，面对的是国内诸多矛盾交织叠加、经济下行压力加大的复杂局面。这场突如其来的新冠肺炎疫情，是第二次世界大战以来全球面临的最严重的公共卫生和经济社会发展危机，也是新中国成立以来我国遭遇的传播速度最快、感染范围最广、防控难度最大的重大突发公共卫生事件，对经济社会发展带来极大冲击。

沧海横流，方显英雄本色。面对巨大困难挑战，以习近平同志为核心的党中央团结带领全国各族人民万众一心，顽强拼搏、攻坚克难。完成 2019 年全年主要目标任务，为全面建成小康社会打下决定性基础。武汉保卫战、湖北保卫战取得决定性成果，疫情防控阻击战取得重大战略成果，统筹推进疫情防控和经济社会发展工作取得积极成效。

2019 年经济社会发展成就主要有以下几个方面。**一是经济运行总体平稳。**国内生产总值 99.1 万亿元，按照年平均汇率折算为 14.4 万亿美元，占世界经济比重达

到16%左右。国内生产总值比上年增长6.1%，继续在世界主要经济体中名列前茅，对世界经济增长贡献率达30%左右。人均国内生产总值突破1万美元。根据世界银行数据，2018年全球人均国内生产总值在1万美元以上的国家，人口总规模约15亿。随着总人口达14亿的中国步入这一行列，全球人均国内生产总值在1万美元以上的国家人口规模接近30亿，占全球人口的38%。就业形势保持稳定，城镇新增就业1352万人，调查失业率在5.3%以下。居民消费价格上涨2.9%，处在合理区间。国际收支基本平衡，外汇储备保持在3万亿美元以上。**二是经济结构和区域布局继续优化。**社会消费品零售总额超过40万亿元，最终消费支出对经济增长的贡献率达到57.8%。先进制造业、现代服务业较快增长。粮食产量1.33万亿斤。常住人口城镇化率首次突破60%。重大区域战略深入实施，区域协同发展格局进一步优化。**三是发展新动能不断增强。**科技创新取得一批重大成果。我国在全球创新指数排名第14位，比上年上升3位。新兴产业持续壮大，传统产业加快升级。大众创业万众创新深入开展，全年新登记市场主体2377万户，年末市场主体总数达1.2亿户，企业数量日均净增1万户以上。**四是改革开放迈出重要步伐。**供给侧结构性改革继续深化，重要领域和关键环节改革力度加大。全年减税降费2.36万亿元，超过原定的近2万亿元规模，制造业、民营和小微企业是主要受益者。政府机构改革任务完成。简政放权、放管结合、优化服务改革纵深推进，市场准入负面清单继续缩减，取消和下放一批行政审批事项。世界银行《2020年全球营商环境报告》显示，我国营商环境排名跃升至第31位，比上年上升15位。深化国资国企改革。落实支持民营经济发展政策。财税、金融、农村、社会事业、生态环保等领域改革有序推进。推动全方位对外开放。共建“一带一路”取得新成效。出台外商投资法及其实施条例。增设6个自贸试验区和上海自贸试验区临港新片区，新设24个跨境电商综合试验区。缩减外资准入负面清单。进出口规模基本稳定、结构继续优化，实际使用外资保持增长、质量进一步提高。**五是三大攻坚战取得关键进展。**脱贫攻坚取得决定性成就，农村贫困人口减少1109万人，贫困发生率降至0.6%。污染防治持续推进，主要污染物排放量继续下降。重点领域风险得到有效防控，金融运行总体平稳。**六是民生进一步改善。**全国居民人均可支配收入超过3万元，城乡居民收入差距继续缩小。退休人员基本养老金、居民医保、城乡低保、专项救助、抚恤补助等标准继续提高。药品集中采购和使用试点扩展到全国，高血压和糖尿病门诊用药纳入医保报销、惠及3亿多患者。城镇保障房建设和农村危房改造深入推进。义务教育阶段学生生活补助人数增加近40%，高职院校扩招100万人。改革发展成果更多更公平惠及人民群众。

新冠肺炎疫情发生后，党中央将疫情防控作为头等大事来抓，习近平总书记亲自指挥、亲自部署，坚持把人民生命安全和身体健康放在第一位，领导全党全军全国各族人民打好疫情防控的人民战争、总体战、阻击战。党中央统筹全局，及时制定疫情防控战略策略，提出坚定信心、同舟共济、科学防治、精准施策的总要求，果断采取一系列重大防控和救治举措。我们在没有经验可以借鉴的情况下，用一个多月的时间初步遏制了疫情蔓延势头，用两个月左右的时间将本土新增病例控制在个位数以内，用3个月左右的时间取得了武汉保卫战、湖北保卫战的决定性成果，充分展现了中国力量、中国精神、中国效率。我们本着公开、透明、负责任态度，第一时间向世卫组织和各国通报疫情，毫不保留地分享防疫技术和经验，积极开展疫情防控国际合作，尽己所能向有关国家和国际组织提供帮助，彰显了一个负责任大国的担当。

对我们这样一个拥有14亿人口的发展中国家来说，能在较短时间内有效控制疫情，保障了人民基本生活，十分不易、成之惟艰。这次疫情防控斗争实践充分表明，以习近平同志为核心的党中央具有驾驭复杂局面的高超能力，具有应对困难和挑战的坚定决心，在分析判断形势、推动工作方面具有远见卓识。这次疫情防控斗争实践再次证明，中国共产党领导和我国社会主义制度、我国国家治理体系具有强大生命力和显著优越性，能够战胜任何艰难险阻，能够为人类文明进步作出重大贡献。

我们在防控疫情前提下统筹推进经济社会发展。不失时机推进复工复产，着力帮助企业解决防疫物资、用工、上下游配套等问题，推出实施阶段性援企稳岗、减免部分税费、免收所有收费公路通行费、加强金融支持、将价格临时补贴标准提高1倍、上调退休人员基本养老金等8个方面90项重大政策。这些政策使广大人民群众从中受益，及时有效促进了保供稳价和复工复产，我国经济表现出坚强韧性和巨大潜能。

二、实事求是、积极稳妥的总体部署

今年是我国发展史上具有里程碑意义的一年。做好政府工作，要在以习近平同志为核心的党中央坚强领导下，以习近平新时代中国特色社会主义思想为指导，全面贯彻党的十九大和十九届二中、三中、四中全会精神，坚决贯彻党的基本理论、基本路线、基本方略，增强“四个意识”、坚定“四个自信”、做到“两个维护”，紧扣全面建成小康社会目标任务，统筹推进疫情防控和经济社会发展工作，在疫情防控常态化前提下，坚持稳中求进工作总基调，坚持新发展理念，坚持以供给侧结构性改革为主线，坚持以改革开放为动力推动高质量发展，坚决打好三大攻坚战，加大“六稳”工作力度，保居民就业、保基本民生、保市场主体、保粮食能源安全、保产业链供应链稳定、保基层运转，坚定实施扩大内需战略，维护经济发展和社会稳定大局，确保完成决战决胜脱贫攻坚目标任务，全面建成小康社会。

当前和今后一个时期，我国发展面临的挑战前所未有，必须增强忧患意识和底线思维。越是面对困难，越要用全面、辩证、长远的眼光看待我国发展，越要坚定信心。这次疫情虽然对我国经济社会发展带来严重冲击和影响，但这些冲击和影响是阶段性的、总体可控的，我国发展的基本支撑、内在动因没有改变。我国发展仍处于重要战略机遇期，有独特的政治和制度优势，有改革开放以来积累的雄厚物质技术基础，有世界上门类最为齐全的产业体系，有超大规模的市场优势和内需潜力，有庞大的人力资本和人才资源，有充足的政策空间和应对工具，新的增长点增长极加快成长。特别是我们有以习近平同志为核心的党中央的坚强领导，有习近平新时代中国特色社会主义思想的科学指导，完全有条件、有能力、有信心战胜各种风险挑战，保持经济长期向好的基本面。

明者因时而变，知者随事而制。面对新情况新问题新挑战，党中央、国务院本着尊重经济规律和实事求是的原则，深入贯彻新发展理念，综合研判形势，根据需要与可能，对疫情前考虑的发展预期目标作了适当调整，对各项政策作了相应安排。

《报告》提出了今年经济社会发展的主要目标任务。今年要优先稳就业保民生，坚决打赢脱贫攻坚战，努力实现全面建成小康社会目标任务；城镇新增就业 900 万人以上，城镇调查失业率 6% 左右，城镇登记失业率 5.5% 左右；居民消费价格涨幅 3.5% 左右；进出口促稳提质，国际收支基本平衡；居民收入增长与经济增长基本同步；现行标准下农村贫困人口全部脱贫、贫困县全部摘帽；重大金融风险有效防控；单位国内生产总值能耗和主要污染物排放量继续下降，努力完成“十三五”规划目标任务。

《报告》没有提出全年经济增速具体目标，对此各方面高度关注。这是经过反复考虑决定的。在正常的发展环境条件和经济结构不断优化等情况下，经济增速可以较为全面反映经济运行的总体状况、发展态势和最终成果，较好代表就业、民生等改善情况，同时经济增速作为基础性、综合性指标，是制定其他发展目标、确定宏观政策的参照基点。确定一个合理的、符合实际情况的经济增速预期目标，对做好各方面工作具有很强的导向作用。长期以来，除个别年份外，《报告》均提出当年国内生产总值增长速度预期目标。鉴于今年的情况极为特殊，《报告》没有提出全年经济增速具体目标，出于多方面的考量，对此要全面理解和把握。

第一，我国发展面临诸多不确定不稳定因素，缺乏制定较为准确的全年经济增速具体目标的客观基础和条件。从外部环境看，全球疫情仍在扩散蔓延，什么时候结束难以预计，受其影响，世界经济衰退程度、国际产业链供应链恢复进度、全球贸易与投资增长状况等都存在变数。我国经济深度融入世界经济，外部环境的高度不确定性对我国发展必然带来严重影响。从国内看，经济发展面临一些难以预料的影响因素。今后一个阶段境外疫情输入、境内疫情反弹风险持续存在，对经济发展来说始终是一把“达摩克里斯之剑”，同时前期被疫情打乱的产业循环、市场循环、经济社会循环的完全修复和顺畅尚需努力，特别是在常态化疫情防控背景下经济增长的内在机理、特点等异于平常，扰动因素也大为增加，作为反映经济运行状况和态势的经济增速指标的作用和意义大打折扣甚至会与实际情况相背离。在这种情况下，不提出全年经济增速具体目标，体现了实事求是精神，是遵循经济规律的科学选择。如果勉强制定一个经济增速目标，也难以起到应有的导向作用，甚至可能带来负面效应。

第二，在我国遭遇历史罕见的疫情冲击背景下，《报告》强调优先稳就业保民生、坚决打赢脱贫攻坚战，有利于引导各方面集中精力抓好"六稳""六保"，以更好体现保障和改善民生这个发展的根本目的。在正常情况下，经济增长速度与就业增加、民生改善等之间具有直接的关联效应。比如，近几年国内生产总值每增长1个百分点，带动约200万人就业。2018年以来，针对复杂严峻的外部环境和较大的国内经济下行压力，党中央、国务院提出要稳就业、稳金融、稳外贸、稳外资、稳投资、稳预期。我们通过加强"六稳"工作，稳住了经济增长，促进了就业增加和民生改善。今年以来，为对冲疫情对就业民生的影响，我们在统筹疫情防控和经济社会发展中实施一系列保就业、保民生政策，虽然一季度国内生产总值同比下降6.8%，但城镇新增就业229万人，居民人均可支配收入比上年同期名义增长0.8%，扣除价格因素，实际下降3.9%、低于经济降幅。这说明，在特殊情况下，通过直接有力的举措来保就业保民生是可行的、有效的。《报告》没有提出全年经济增速具体目标，而是强调"要优先稳就业保民生，坚决打赢脱贫攻坚战，努力实现全面建成小康社会目标任务"，主要是为了引导和调动各方面资源直接用于支持保就业保民生和脱贫攻坚。这是非常时期采取的直抓根本、直接惠民利企的非常之策。如果不是这样做，而是继续按常规确定全年经济增速具体目标的话，那经济政策就要基于实现这个目标来制定，宏观调控就要围绕实现这个目标来进行，各方面的注意力也会聚焦这个目标。在当前经济增速下滑情况下，各地区各部门的精力就会集中在保速度上，社会上也会因速度高一点低一点而纠结，不利于保就业保民生。所以不提经济增速具体目标，有利于引导各方面理性平和地看待速度，有利于各地区从速度焦虑、数字包袱中解脱出来，专注于做好“六稳”工作、落实“六保”任务。如果“六稳”“六保”做到了，自然会带来一定的经济增长。

第三，我们已经奠定了全面建成小康社会的决定性基础，落实好《报告》提出的部署安排和政策措施，全面建成小康社会目标就一定能如期实现。改革开放之后，我们党对我国社会主义现代化建设作出战略安排，提出“三步走”战略目标。解决人民温饱问题、人民生活总体上达到小康水平这两个目标已提前实现。党的十八大在十六大、十七大确立的全面建设小康社会目标基础上，提出了新的要求。党的十九大再次强调，到建党一百年时建成经济更加发展、民主更加健全、科教更加进步、文化更加繁荣、社会更加和谐、人民生活更加殷实的小康社会。这说明，随着中国特色社会主义事业不断向前推进，人民生活水平不断提高，全面建成小康社会的内涵越来越丰富。习近平总书记指出：“全面建成小康社会，强调的不仅是‘小康’，而且更重要的也是更难做到的是‘全面’。”全面建成小康社会是一场重大而深刻的社会变迁，是社会的全面发展、全面进步，涉及经济、政治、文化、社会、生态等诸多方面。反映或衡量全面建成小康社会的是一个完整、系统、综合性的目标体系，“十三五”规划中包括了全面建成小康社会目标的主要内容，其中有25项主要指标。经过持续努力，预计到年底，这些主要指标绝大部分可以超额完成或全面完成。其中关于实现国内生产总值和城乡居民人均收入比2010年翻一番目标，通过这些年的持续发展，目前已接近达到目标。小康不小康，关键看老乡。2019年年底农村贫困人口剩余551万人，过去这几年每年脱贫都是1000万人以上，今年虽然疫情增加了脱贫难度，但我们有把握完成脱贫攻坚任务。这是实现全面建成小康社会目标的标志。

第四，稳定经济运行事关全局，必须全力以赴稳住经济基本盘，守住“六保”底线，把疫情造成的损失降到最低程度。《报告》没有提出今年经济增速具体目标，决不意味着经济增长不重要。只有保持适度的经济增长，才能稳住就业、保住基本民生、实现脱贫目标，也才能有效防范各类风险隐患集中暴发。在当前经济增速下滑的情况下，决不能“脚踩西瓜皮、滑到哪里算哪里”。怎么样才能稳住增长？《报告》指出，要用改革开放办法，稳就业、保民生、促消费，拉动市场、稳定增长，走出一条有效应对冲击、实现良性循环的新路子。

实现今年发展主要目标任务，必须坚持稳中求进工作总基调。宏观政策要在“更加”两个字上下功夫，以更大的力度、更有效的举措对冲疫情影响，同时要加强财政、货币、就业政策的相互协调配合，统筹产业、消费、投资、区域等政策，最大限度发挥政策效力。

《报告》指出，积极的财政政策要更加积极有为。这主要体现在三个方面。一是加大财政政策实施力度。从提高赤字率、发行抗疫特别国债、大幅增加地方政府专项债券发行规模、加大减税降费力度等方面综合施策，今年赤字率拟按 3.6% 以上安排、比 2019 年高出 0.8 个百分点以上，财政赤字安排 3.76 万亿元、比 2019 年增加 1 万亿元。发行 1 万亿元抗疫特别国债。二是创新财政政策实施机制。增加的 1 万亿元财政赤字和发行的 1 万亿元抗疫特别国债全部转给地方，建立特殊转移支付机制，资金直达市县基层、直接惠企利民，主要用于保就业、保基本民生、保市场主体，包括支持减税降费、减租降息、扩大消费和投资等，强化公共财政属性，决不允许截留挪用。地方政府专项债券要优化调整使用方式，增强对社会资本的撬动作用。三是大力优化财政支出结构。今年政府四大预算收入约 32 万亿元，提升绩效的空间和潜力很大，要优化资金配置。基本民生支出只增不减，重点领域支出要切实保障，一般性支出要坚决压减。各类结余、沉淀资金要应收尽收、重新安排。各级政府要真正过紧日子。中央和省级政府带头压减支出。过去中央财政本级支出增速大部分年份在7%以上，今年下决心按负增长安排，其中非急需非刚性支出压减50%以上。中央对地方转移支付增长12.8%。财政政策要从“质”与“量”两方面发力，更好发挥对稳定经济运行的关键作用。

《报告》指出，稳健的货币政策要更加灵活适度。受疫情影响，当前企业特别是中小微企业资金链稳定面临巨大压力，融资难融资贵问题加剧。《报告》指出，综合运用降准降息、再贷款等手段，引导广义货币供应量和社会融资规模增速明显高于2019年。2019年末广义货币M_2余额同比增长8.7%，社会融资规模存量同比增长10.7%，均高于国内生产总值7.8%的名义增速。今年广义货币和社会融资规模增速要明显高于2019年，而国内生产总值名义增速大概率将低于2019年，这意味着今年将保持流动性合理充裕。关键是畅通货币政策传导渠道，提升货币政策实施效果。《报告》强调，今年要创新直达实体经济的货币政策工具，务必推动企业便利获得贷款，推动利率持续下行。要继续保持人民币汇率在合理均衡水平上基本稳定。

《报告》指出，就业优先政策要全面强化。就业是最大的民生。受疫情影响，今年就业压力空前。要综合施策，协同运用宏观政策、微观政策和社会政策，努力稳定现有就业，积极增加新的就业，促进失业人员再就业。财政、货币和投资等政策要聚力支持稳就业。稳就业是地方政府责任，各地要清理取消对就业的不合理限制，促就业举措要应出尽出，拓岗位办法要能用尽用。只要就业能稳住，收入增加和内需扩大就有了基础，就能实现经济良性循环和社会和谐稳定。

《报告》对坚决打好三大攻坚战提出了明确要求。脱贫是全面建成小康社会必须完成的硬任务，要坚持现行脱贫标准，增加扶贫投入，强化扶贫举措落实，确保剩余贫困人口全部脱贫，健全和执行好返贫人口监测帮扶机制，巩固脱贫成果。要打好蓝天、碧水、净土保卫战，实现污染防治攻坚战阶段性目标。加强金融等领域重大风险防控，坚决守住不发生系统性风险底线。

《报告》指出，出台的政策既保持力度又考虑可持续性，根据形势变化还可完善。这就是说，《报告》中提出的各项政策措施是基于当前形势和经济运行态势制定的，如果下一阶段形势发生重大变化、经济发展状况持续恶化、危及“六保”底线，我们还会出台新的政策。在这方面，我们是有政策手段的。比如，包括今年新出台的各项财政政策在内，我国政府负债率还不到50%，低于欧盟60%的警戒线，也低于主要市场经济国家和新兴市场国家水平，有进一步加大财政政策力度的空间。

概括起来讲，理解和把握《报告》提出的目标任务和宏观政策，要注重以下五个方面。

一是把握常态化疫情防控这个大前提。疫情防控情况是下一阶段影响我国发展的最大变数。我国疫情防控阻击战取得重大战略成果，但现在全球疫情仍在蔓延，输入风险始终存在，国内聚集性疫情时有发生。当前我国疫情已从前一段时间的应急性防控转向常态化防控，这种局面可能要维持相当长时间。习近平总书记反复强调，要时刻绷紧疫情防控这根弦。因为疫情一旦大规模反弹而控制不住的话，整个经济社会进程又会被打乱。疫情防控不能放松，同时经济社会发展又不能等，民生就业的问题也不能等，怎么办？党中央提出，要健全常态化疫情防控机制，一旦出现疫情要做到及时发现、快速处置、精准管控、有效救治，确保疫情不反弹。在此前提下，要加快推进全面复工复产、复市复业，畅通产业循环、市场循环、经济社会循环。《报告》提出的发展目标任务、政策举措和工作部署，都基于常态化疫情防控这个前提。

二是把握"六保"这个着力点。《报告》指出，"六保"是今年"六稳"工作的着力点，这旨在稳住经济基本盘、兜住民生底线。"六保"是针对新挑战提出的积极的、进取的而不是消极的任务。有的人讲“保”是被动的、防守的、消极的，实则不然。平常情况下，我们往前走、发展快一点，这是积极进取的。当遇到外部强烈冲击时，我们能站稳脚跟、不后退甚至少后退，待冲击过后再往前走，这本身也是积极的。面对前所未有的挑战，稳住经济基本盘、稳住市场主体，就是保护社会生产力、保住今后发展的根基。兜住民生底线，就奠定了经济发展和社会稳定的基础。今年的各项政策主要是围绕“六稳”特别是“六保”制定的，其中又聚焦保就业、保基本民生、保市场主体。

三是把握脱贫攻坚这个硬任务。脱贫是全面建成小康社会的标志性指标。党中央对脱贫攻坚高度重视，党的十八大以来，习近平总书记亲自挂帅、亲自出征、亲自督战脱贫攻坚。经过不懈努力，脱贫攻坚已取得决定性成就。这次疫情给脱贫攻坚带来了不利影响，也加大了返贫风险。为确保脱贫攻坚决战决胜，《报告》提出了针对性强、力度大的举措。今年脱贫目标一定能实现，这意味着我国提前10年实现联合国2030年可持续发展议程的减贫目标，是中国对全球减贫事业作出的巨大贡献。

四是把握扩大内需这个战略基点。我国有14亿人口，人均GDP突破1万美元，居民消费正在优化升级，拥有超大规模并极具发展潜力的消费市场。同时我国正处于新型工业化、信息化、新型城镇化、农业现代化深入发展阶段，有效投资需求潜力很大。这二者有机结合起来就形成了巨大的内需潜力，是我国经济发展的最大优势所在。只要把这个潜力和优势发挥出来，就能形成拉动经济增长的持久而强劲的动力。《报告》提出，要坚定实施扩大内需战略。这既是当前应对疫情冲击、促进经济回升向好的需要，是保持我国经济长期持续健康发展的需要，是满足人民日益增长的美好生活需要，还是应对外部环境不确定性、牢牢把握发展主动权的需要。我们要通过实施扩大内需战略，并与努力稳定和拓展外需相结合，构建国内国际双循环相互促进的新发展格局。

五是把握改革开放这个大逻辑。应对前所未有的挑战，实现发展目标任务，要靠什么？有些人担心，我们会不会走铺摊子、粗放增长的老路，会不会采取为维持短期增长而损害长期发展的做法？对此，《报告》明确回应，要用改革开放的办法。改革开放是过去40多年推动中国取得巨大成就的制胜法宝，可以说，这一法宝屡试不爽，现在同样也不例外。《报告》中提出的促进经济社会发展政策包括“六稳”“六保”新举措，可以说念的是改革开放的“经”、用的是改革开放的“招”、走的是改革开放的路，以充分激发广大人民群众的积极性和创造性。

三、重点突出、精准有力的工作部署

今年已过去5个月，下一阶段要按照以习近平同志为核心的党中央决策部署，毫不放松常态化疫情防控，着力做好经济社会发展各项工作。对此，《报告》作出了部署安排。

（一）加大宏观政策实施力度，着力稳企业保就业。我国有上亿户市场主体，这是经济发展的活力源泉。特别是量大面广的中小微企业、个体工商户吸纳90%以上的城镇就业，关系亿万家庭生计，在这次疫情中受到冲击和影响最大。只有尽力帮助这些市场主体渡过难关、防止出现大规模倒闭，经济增长才有基础，就业才有支撑，人民生活才有保障。《报告》对此提出了有力的政策举措。

加大减税降费力度。《报告》按照强化阶段性政策与落实制度性安排相结合的思路，从三个方面提出了减税降费举措。一是继续执行2019年出台的下调增值税税率和企业养老保险费率政策。由于这两项大规模减税降费政策是分别于2019年4月份、5月份开始实行的，今年全年实施，新增减税降费约5000亿元。二是延长前期出台的阶段性减税降费政策执行期限。今年以来，为对冲疫情影响，我们出台了一批6月前到期的阶段性减税降费政策。包括免征中小微企业养老、失业和工伤保险

单位缴费，减免小规模纳税人增值税，免征公共交通运输、餐饮住宿、旅游娱乐、文化体育等服务增值税，减免民航发展基金、港口建设费，这些政策执行期限全部延长到今年年底。对受疫情影响较大的交通运输、餐饮、旅游等行业企业，亏损结转年限由 5 年延长至 8 年。中小微企业和个体工商户在市场主体中占大头，也是就业的最大容纳器，各项惠企纾困政策要倾斜支持、及时覆盖。今年小微企业、个体工商户所得税缴纳一律延缓到明年。延长支持疫情防控保供相关税费政策实施期限。三是围绕稳企业保就业新近推出一些减税降费政策。比如对电影等行业给予税费支持等。预计全年为企业新增减负超过 2.5 万亿元。

推动降低企业生产经营成本。《报告》从推动降低企业用能、用网、房租、物流等成本方面提出了具体措施。从国际比较看，我国居民和农业用电价格相对较低，但一般工商业特别是大工业用电价格偏高一些。这两年，我们已连续出台一般工商业平均电价降低 10% 的政策。今年我们又出台降电价政策，明确从 2 月 1 日至 6 月 30 日，将除高耗能行业外的大工业和一般工商业用户电价降低 5%。《报告》明确，这一政策将延长到今年年底。最近几年，我国持续推动网络提速降费，不仅使群众普遍受惠、企业广泛受益，也有力推动了数字经济迅速发展。今年要在近几年资费大幅度降低基础上，实现宽带和专线平均资费再降低15%。疫情发生以来，一些行业领域企业、商户经营困难，但房屋租金等刚性支出压力凸显，甚至成了一些中小微企业和个体工商户不可承受之重。为此，《报告》提出减免国有房产租金，鼓励各类业主减免或缓收房租，并予以政策支持。同时，要求坚决整治涉企违规收费，防止各种乱收费死灰复燃。

强化对稳企业的金融支持。当前企业特别是中小微企业现金流极为紧张，维护资金链安全是稳企业最迫切的任务。为此，《报告》提出了几条重要举措。一是继续延长中小微企业贷款延期还本付息政策执行期限。在疫情发生后，有关部门出台了对符合条件、流动性暂时遇到困难的中小微企业、个体工商户贷款本金和利息给予临时性延期偿还安排政策，即对于2020年1月25日以来到期的中小微企业贷款本金及利息，最长可延长至2020年6月30日偿还，并免收罚息。鉴于当前中小微企业经营困难加剧情况，《报告》明确，中小微企业贷款延期还本付息政策再延长到明年3月底，其中对普惠型小微企业贷款应延尽延，对其他困难企业贷款由企业与银行协商延期。二是鼓励和支持金融机构对中小微企业增加信贷投放、扩大覆盖面。长期以来，中小微企业贷款难的一个重要原因是银企信息不对称，企业缺乏合格抵质押物。针对这一问题，《报告》提出要促进涉企信用信息共享，并要求银行利用金融科技和大数据降低服务成本，提高服务精准性，对小微企业大幅增加信用贷款、提高首次贷款比例。大型商业银行全年普惠型小微企业贷款增速要高于40%。过去银行往往要求企业先还本再续贷,考虑到企业经营困难、资金紧张情况,《报告》要求大幅增加对小微企业的无还本续贷，以防止随意抽贷、断贷、压贷，避免造成资金链断裂。针对目前政府性融资担保的规模和占比较低、费率较高等问题,《报告》提出要大幅提高政府性融资担保覆盖面并明显降低费率。在鼓励银行增加对企业贷款的同时，要支持企业扩大债券融资。三是完善激励约束机制。为鼓励银行敢贷、愿贷、能贷，《报告》要求完善考核激励机制。包括要完善银行绩效评价指标体系和金融机构内部考核机制，落实尽职免责条款，阶段性放宽银行资本、拨备和不良资产核销等要求,有效增加中小银行低成本资金来源。加强监管,防止资金“空转”套利、脱实向虚或“垒大户”。为保市场主体，《报告》强调，一定要让中小微企业贷款可获得性明显提高，一定要让综合融资成本明显下降。

千方百计稳定和扩大就业。疫情对部分行业特别是住宿餐饮、旅游娱乐、居民服务等行业带来重创，企业停工歇业现象增多、用人需求减少。《报告》要求，加强对重点行业、重点群体就业支持。高校毕业生占新成长劳动力的一半以上，是宝贵的人才资源，承载着家庭的希望，是做好就业工作的重中之重。今年高校应届毕业生比上年增加 40 万人、达到 874 万人，再创历史新高，留学人员回国就业人数也明显增多。受疫情影响，今年高校毕业生招聘需求下滑、求职面试受限、选择余地明显收窄。《报告》对促进高校毕业生就业作出了安排。主要是，促进市场化社会化就业，对增加高校毕业生招用的企业予以政策支持；扩大基层服务项目等招聘，包括增加“特岗计划”“三支一扶”招募规模，拓展科研、社区、医疗等基层岗位，增加中小学和幼儿园教师招聘数量，提高各级事业单位空缺岗位用于招聘高校毕业生的比例；增加硕士研究生招生规模；扩大高校毕业生应征入伍规模；高校和属地政府要提供不断线的就业服务。《报告》对做好退役军人、农民工等其他重点群体就业和帮扶残疾人、零就业家庭等困难群体就业工作也提出了要求。要加强劳动者权益保护，防止和纠正性别、身份、地域等就业歧视。现在我国灵活就业人员数以亿计，其中既包括传统的各类零工、企业非全日制用工、无雇工的个体工商户等，也包括近年来快速增长的电商、快递等新业态的就业人员。这些人员流动性大、社会保障政策存在缺失，受疫情影响较大。针对当前灵活就业人员面临的困难，《报告》提出了相关扶持政策。今年对低收入人员实行社保费自愿缓缴政策，涉及就业的行政事业性收费全部取消。当前我国就业总量问题和结构性问题并存，特别是高技能人才供需缺口达 2000 万人，成为产业转型升级的重要制约因素。统筹考虑缓解当前就业压力和高技能人才短缺问题，在 2019 年职业技能提升和转岗转业培训超过 1500 万人次、高职院校扩招 100 万人基础上，今明两年职业技能培训 3500 万人次以上、高职院校扩招 200 万人，让更多青年凭借一技之长实现人生价值，也为推动高质量发展提供更加有力的人才支撑。

（二）依靠改革激发市场主体活力，增强发展新动能。经济发展的动力来自于市场主体的活力。在当前困难情况下，保住市场主体并努力稳定其活跃度，是“六保”的重要任务。这要靠深化改革，大力破除体制机制障碍，让市场在资源配置中起决定性作用、更好发挥政府作用，增强内生发展动力。

深化“放管服”改革。营商环境就是生产力、竞争力，其优劣直接影响市场主体的兴衰、生产要素的聚散、发展动力的强弱。这些年，我们持续推进“放管服”改革，营商环境明显改善。经济社会发展形势越是严峻，越要千方百计优化营商环境。要在常态化疫情防控前提下，对前期采取的一些应急管控措施该坚持的坚持、该完善的完善、该清理取消的清理取消，促进全面复工复产、复市复业。要进一步缩减市场准入负面清单，制定和完善行政许可事项等清单，清理规范备案、登记等管理措施，坚决防止变相审批。经营场所是企业登记注册的核心条件之一，目前一些地方对中小微企业、个体工商户登记注册时提出的经营场所要求过高，增加了创业难度、抬高了创业成本。《报告》要求放宽登记经营场所限制，便利各类创业者注册经营、及时享受扶持政策。要深化“证照分离”改革，使企业更便捷拿到营业执照并尽快正常运营，克服“准入不准营”的现象。推动更多服务事项一网通办，做到企业开办全程网上可办。公平竞争是市场经济的灵魂，只有公平竞争，才能使市场活而不乱，实现优胜劣汰，否则就会“劣币驱逐良币”。公平竞争有赖于公正监管。要健全公开透明的监管规则和标准体系，严格规范行政执法，以公正监管维护市场公平竞争，持续打造市场化、法治化、国际化营商环境。

推进要素市场化配置改革。完善的现代市场体系不仅包括发达的商品市场体系，还要有健全的要素市场体系。与商品市场相比，我国要素市场发育还不充分，存在市场决定要素配置范围有限、要素流动存在体制机制障碍、要素价格传导机制不畅等问题。这影响了市场对资源配置决定性作用的发挥，成为高标准市场体系建设的一个突出短板。深化要素市场化配置改革，是建设统一开放、竞争有序市场体系的内在要求，是坚持和完善社会主义基本经济制度、加快完善社会主义市场经济体制的重要内容。今年3月，党中央、国务院印发的关于构建更加完善的要素市场化配置体制机制的意见，就扩大要素市场化配置范围、促进要素自主有序流动、加快要素价格市场化改革、健全要素市场运行机制等进行了全面部署。《报告》对推进资本、土地、人才、技术、数据等要素市场化配置改革提出了要求。

提升国资国企改革成效。今年要实施国企改革三年行动，提高国有企业活力和效率。要加快形成完善的中国特色现代企业制度，完善公司治理结构，健全市场化经营机制。要完善以管资本为主的国有资产监管体制，推行出资人监管权责清单管理。分层分类深化混合所有制改革。今年基本完成剥离办社会职能和解决历史遗留问题。推动国有经济布局优化和结构调整，聚焦发展实体经济，更好服务国家战略。要通过改革，增强国有经济竞争力、创新力、控制力、影响力、抗风险能力，做强做优做大国有资本和国有企业。

优化民营经济发展环境。民营经济是创业就业、技术创新的重要主体和国家税收的重要来源。要全面落实党中央、国务院关于支持民营企业改革发展的各项举措，营造公平竞争的市场环境、精准有效的政策环境、平等保护的法治环境。要保障民营企业平等获取生产要素和政策支持，清理废除与企业性质挂钩的不合理规定。要限期完成清偿政府机构、国有企业拖欠民营和中小企业款项的任务。《报告》强调，构建亲清政商关系，促进非公有制经济健康发展。要健全政企沟通机制，完善涉企政策制定和执行机制，及时帮助民营企业解决遇到的困难和问题，提振企业家发展信心。

推动制造业升级和新兴产业发展。制造业是一个国家经济的骨架，代表着综合实力、核心竞争力和抗风险能力。经过多年努力，我国成为世界第一制造大国，是全世界唯一拥有联合国产业分类中全部工业门类的国家，但总体上看，制造业大而不优、大而不强，仍处于全球产业链的中低端。当前我国制造业发展面临严峻挑战，投资增长低迷、生产成本上升、产业链供应链循环受阻，亟待加快转型升级。《报告》要求，支持制造业高质量发展。要加快补齐制造业产业链短板，优化供应链布局，提升产业基础高级化、产业链现代化水平，大幅增加制造业中长期贷款。要发展工业互联网，推进智能制造，推动制造业向数字化、网络化、智能化、绿色化转变。发展研发设计、现代物流、检验检测认证等生产性服务业。近些年，我国新产业、新业态、新模式迅速成长，成为国民经济中最有活力、最具增长潜力的部分，不仅便利了群众生活，也为扩大就业提供了支撑。在这次抗击疫情中，电商网购、在线服务等新业态发挥了重要作用。如果没有这些新业态，疫情期间实行居家抗疫、隔离观察、小区封闭等很多管控措施都会增加难度。《报告》明确，要继续出台支持政策，全面推进“互联网+”，打造数字经济新优势。

提高科技创新支撑能力。科学技术是第一生产力，无论是抗击疫情，还是做好“六稳”“六保”工作，促进高质量发展，都离不开强有力的科技支撑。基础研究是科技创新的源头和先导。从世界科技发展史看，凡具有颠覆性、突破性的重大科技创新，都是基于基础科学的长期积累。这些年，我国在应用技术领域进步迅速，一些方面走在国际前列，但基础研究与世界科技强国相比还有较大差距，这是我国原始创新成果少的重要原因。《报告》提出，要稳定支持基础研究和应用基础研究，引导企业增加研发投入，促进产学研融通创新。各级财政要继续加大对基础研究投入，完善基础研究经费拨付和管理办法，大幅度提高稳定支持比例。同时，要落实和完善相关政策，引导企业加大研发投入特别是基础研究投入，形成支持基础研究的合力。完善关键核心技术攻关新型举国体制，加快建设国家实验室，重组国家重点实验室体系，发展社会研发机构。深化国际科技合作，广泛汇聚和利用全球创新资源。加强知识产权保护，健全知识产权侵权惩罚性赔偿制度，促进发明创造和转化运用。科技创新本质上是人的创造性活动。要围绕调动科技人员积极性、创造性，改革科技成果转化机制，畅通创新链，营造鼓励创新、宽容失败的科研环境。《报告》提出，要实行重点项目攻关“揭榜挂帅”，谁能干就让谁干。英雄不论出处，要在更多领域把需要攻关和转化的重大项目张出榜来，谁有本事谁就揭榜。这是深化科技体制改革的重大举措，有利于加快创新步伐，也有利于优秀人才脱颖而出。

深入推进大众创业万众创新。我国拥有世界上规模最大的人力人才资源，具有无限的创新创造潜能，只要充分释放出来，就能形成推动发展的强劲动力。《报告》提出了促进创业创新的扶持政策，包括支持创业投资和股权投资发展，增加创业担保贷款，深化新一轮全面创新改革试验，新建一批双创示范基地等。这些年，我国很多新业态新模式的快速发展，很大程度上得益于包容审慎监管方式。《报告》强调，要坚持包容审慎监管，发展平台经济、共享经济，更大激发社会创造力。我们既要支持探索创新，又要注意防范风险。对那些看得准的新生事物，要量身定制监管模式，给予足够的成长空间，不能削足适履，坚决取消各种不合理限制。对有些一时看不准的，也要多观察，不要一上来就管死。对那些潜在风险大、有可能造成严重不良社会后果的，要严格监管，发现问题果断出手。

（三）实施扩大内需战略，推动经济发展方式加快转变。我国内需潜力蕴藏在很多方面。《报告》提出了实施扩大内需战略的系统框架和路径，要求深化供给侧结构性改革，突出民生导向，使提振消费与扩大投资有效结合、相互促进。

推动消费回升。收入水平和收入预期是影响消费的重要因素。《报告》指出，要通过稳就业促增收保民生，提高居民消费意愿和能力。要优化消费环境，提供消费便利，支持餐饮、商场、文化、旅游、家政等生活服务业恢复发展，改造提升步行街。发展消费新业态新模式，推动线上线下融合，大力发展新零售，培育消费新增长点。过去相当长一段时间，汽车消费持续增长，对拉动消费增长发挥了重要作用。目前我国每千人汽车保有量为 170 多辆，不仅低于主要发达国家，也低于一些新兴市场国家，仍有提升空间。近几年汽车消费增速放缓的一个重要原因是城市停车位严重不足。《报告》提出，要促进汽车消费，大力解决停车难问题。我国老年人口数量多、老龄化速度快，60 岁以上老年人口已达 2.5 亿，且以每年几百万人的速度增长，养老服务供给不足问题突出。实施全面两孩政策后，托幼服务需求猛增，而供给严重不足。要想群众之所想、急群众之所急，加快发展养老、托幼服务。随着生活水平提高和健康观念增强，人民群众对健康产品、健康服务的需求持续增长。我们要因势利导，发展大健康产业，增加健康产品和服务供给，创新服务模式，更好满足群众多层次、多元化、个性化的健康需求，把健康产业打造成国民经济的支柱产业。近几年，农村消费较快增长，仍有很大潜力。要支持电商、快递进农村，拓展农村消费。只要解决好民生关切，消费潜力就会不断释放。

扩大有效投资。我国发展中还有许多短板弱项，扩大有效投资空间广阔。最近一段时间，各方面对扩大有效投资有共识，但对重点投向有不同看法。《报告》立足推动经济高质量发展、满足人民群众需求，统筹考虑促消费惠民生、调结构增后劲，提出了把“两新一重”建设作为投资重点。一是加强新型基础设施建设。这旨在激发新消费需求、带动新兴产业壮大、助力传统产业转型升级。《报告》提出了两个方面的重点。一方面是发展新一代信息网络、拓展5G应用、建设数据中心，这有利于壮大数字经济，促进信息消费、智能消费等新产业新业态发展，更好满足群众对数字生活的新需求。另一方面是增加充电桩、换电站等设施，推广新能源汽车。近些年，为促进新能源汽车生产和消费，我们出台了一系列鼓励政策，新能源汽车产业较快增长。目前我国已经成为世界最大的新能源汽车生产和销售市场。但充电桩建设不足、充电不方便，是制约新能源汽车消费的一个重要因素。要科学规划充电桩布局，提高城市郊区、高速公路充电桩密度。二是加强新型城镇化建设。县城是新型城镇化的重要载体，也是联结城乡的重要节点。现在越来越多的农民选择到县城就业安家、安排子女上学。要大力提升县城公共设施和服务能力，扩大容量、增强功能。城镇老旧小区量大面广，公共服务设施不健全，居民生活有诸多不便。推进老旧小区改造，要全面规划、系统推进，既要搞好市政设施等硬件的提升，也要注重物业服务等软件的改善，既要完善便民生活服务设施，也要将加强公共卫生等应急能力建设一并考虑，不断充实老旧小区改造内容，使社区真正成为承载美好生活、完善社会治理的基础单元。今年新开工改造城镇老旧小区3.9万个、涉及700万户。三是加强交通、水利等重大工程建设。增加国家铁路建设资本金1000亿元，支持沿江沿海高铁、城际铁路等项目建设。完善公路网骨干线路，加快普通国省干线、内河航运等项目建设。推进机场改扩建工程，开工一批支线机场项目。加快在建重大水利工程进度，新开工一批重大水利工程。为支持“两新一重”建设，《报告》提出，今年拟安排地方政府专项债券3.75万亿元，比2019年增加1.6万亿元，提高专项债券可用作项目资本金的比例，中央预算内投资安排6000亿元。要优选项目，不留后遗症，让投资持续发挥效益。民间投资占投资的大头，扩大有效投资必须调动民间投资积极性。《报告》强调，要健全市场化投融资机制，支持民营企业平等参与。

深入推进新型城镇化。以人为核心的新型城镇化，既可带动居民增加消费，又可拉动有效投资，是扩大内需的综合大平台和最大潜力所在。我国常住人口城镇化率虽然超过60%，但是远低于发达国家水平，特别是户籍人口城镇化率不到45%，一些常住人口尚未完全享受城镇基本公共服务，新型城镇化有很大的发展和提升空间。要深化户籍制度改革，使更多农业转移人口在城市安家落户，推动城镇基本公共服务覆盖未落户常住人口。要发挥中心城市和城市群综合带动作用，促进不同规模的城市和小城镇协同发展，培育产业、增加就业，提高城市综合承载能力。坚持房子是用来住的、不是用来炒的定位，因城施策，促进房地产市场平稳健康发展。要完善便民、无障碍设施，让城市更宜业宜居。

加快落实区域发展战略。要统筹区域协调发展，改革完善相关机制和政策，促进要素合理流动、产业高效协同、供需有机衔接、比较优势充分发挥，构建带动全国高质量发展的新动力源。落实和完善推动西部大开发、东北全面振兴、中部地区崛起、东部率先发展的政策举措。深入推进京津冀协同发展、粤港澳大湾区建设、长三角一体化发展，打造世界级创新平台和增长极。落实长江经济带共抓大保护措施。编制黄河流域生态保护和高质量发展规划纲要。推动成渝地区双城经济圈建设。促进革命老区、民族地区、边疆地区、贫困地区加快发展。发展海洋经济。《报告》要求，要实施好支持湖北发展一揽子政策，支持保就业、保民生、保运转，促进经济社会秩序全面恢复。

提高生态环境治理成效。生态环境问题本质上是发展方式、经济结构和消费模式问题。推进生态环境治理，必须坚持标本兼治，着力解决突出问题，持续推动形成绿色发展方式和生活方式。要突出依法、科学、精准治污，增强污染治理的持续性、针对性、有效性。深化重点地区大气污染治理攻坚，加强工业、燃煤、机动车三大污染源治理。加强污水、垃圾处置设施建设，推进生活垃圾分类。优化环境治理方式，对企业既依法依规加强监管，又主动做好帮扶指导，防止简单粗暴关停。发展节能环保产业，是实现污染治理和经济发展的双赢之策。要完善价格、财税、金融等环境经济政策，引导社会资本进入环境治理领域，培育一批专业化骨干企业，做大做强节能环保产业。严惩非法捕杀、交易、食用野生动物行为。实施重要生态系统保护和修复重大工程，促进生态文明建设。要努力在高质量发展中实现高水平保护、在高水平保护中促进高质量发展。

保障能源安全。对我们这样一个人口众多的发展中国家来说，能源安全始终是关系全局的战略性问题。我国能源禀赋的特点是煤多、油少、气缺。这些年，我国石油、天然气消费量不断增长，对外依存度持续提高，2019 年分别为 70.8% 和 43%。当前，全球能源供需格局正在深刻调整，主要能源价格剧烈震荡，能源市场不稳定因素显著上升，给我国能源安全带来风险。当前和今后一个阶段，我国能源消费总量将继续增长，保障能源供应和安全任务艰巨，要系统谋划。要深入推进能源消费、供给、技术、体制革命和国际合作，发展多元能源供给。目前煤在能源消费中的比重仍接近60%，今后煤的消费占比会逐步下降，但以煤为主的能源结构短期内不可能根本改变。要在加强煤炭清洁高效利用上想办法、找出路，这既利于保障能源安全，也利于减少污染排放。要科学规划煤炭开发布局，加快输煤输电大通道建设，提高煤炭集中利用水平。发展水电、风电、光电等可再生能源，提高清洁能源消纳水平。要聚焦短板，加快推进石油、天然气、电力产供销体系建设，提高能源储备能力，增强油气安全储备和应急保障水平。

（四）确保实现脱贫攻坚目标，促进农业丰收农民增收。《报告》强调，要落实脱贫攻坚和乡村振兴举措，保障重要农产品供给，提高农民生活水平。

坚决打赢脱贫攻坚战。目前全国未摘帽的贫困县有52个，贫困人口超过1000人或贫困发生率超过10%的贫困村有1113个。要加大剩余贫困县和贫困村攻坚力度，推动政策、资金、帮扶力量予以倾斜，实施挂牌督战，及时帮助解决遇到的困难和问题，强化对特殊贫困人口兜底保障，确保贫困县如期摘帽、贫困村如期出列、贫困人口如期脱贫。务工收入是贫困家庭收入的主要来源，稳就业是巩固脱贫成果的关键举措。《报告》强调，对外出务工劳动力，要在就业地稳岗就业。开展消费扶贫行动，组织产销对接，解决贫困地区农畜产品销售难问题，支持扶贫产业恢复发展。在过去五年时间内，有近1000万贫困人口和约500万同步搬迁人口实现易地扶贫搬迁，这是人类历史上前所未有的壮举。要加强易地扶贫搬迁后续扶持，确保他们搬得出、稳得住、能致富。深化东西部扶贫协作和中央单位定点扶贫。为巩固和拓展脱贫成果，要继续执行对摘帽县的主要扶持政策，扶上马、送一程。习近平总书记指出："脱贫摘帽不是终点，而是新生活、新奋斗的起点。"要接续推进脱贫与乡村振兴有效衔接，让脱贫群众迈向富裕。

着力抓好农业生产。解决好十几亿人口的吃饭问题，始终是头等大事。今年经济社会发展面临的困难增多，保障粮食等重要农产品有效供给，对于稳定物价、保障群众基本生活、保持社会大局稳定具有特殊重要的意义。从目前看，今年粮食供给是充裕的，稻谷、小麦库存量能够满足一年以上的消费需求，现在夏粮丰收在望。其他大部分主要农产品供需基本平衡。但要看到，我国农业生产基础尚不稳固，抗御各类灾害的能力不强，农产品产量存在波动，目前少量品种还存在结构性的供给紧缺问题，特别是猪肉价格仍处高位。农业生产任何时候都不能放松。《报告》要求，稳定粮食播种面积和产量，提高复种指数，提高稻谷最低收购价，增加产粮大县奖励，大力防治重大病虫害。加强粮食生产能力建设，新建高标准农田 8000 万亩。非洲猪瘟等疫病对养殖业影响大，要有力有效加强疫病防控，促进生猪生产恢复和畜禽水产养殖发展。加快农业科技改革创新，大力发展现代种业，加强先进实用技术推广。健全农产品流通体系，加强农产品市场调控，保持市场价格基本稳定。压实"米袋子"省长负责制和"菜篮子"市长负责制，加强考核监督。《报告》强调，14 亿中国人的饭碗，我们有能力也务必牢牢端在自己手中。

拓展农民就业增收渠道。务工收入是农民增收的大头。对外出农民工，要落实在就业地平等享受就业服务政策。支持农民就近就业创业，加强农民职业技能培训，提高农民就业创业能力。支持农产品深加工，完善乡村产业发展用地保障政策，促进一二三产业融合发展，扩大以工代赈规模，增加就业岗位，让返乡农民工能打工、有收入。《报告》提出，扶持适度规模经营主体，加强农户社会化服务。规模经营是现代农业发展方向，要积极稳妥推进。我国人多地少，小规模农户经营将长期存在，要尊重农民意愿，保持土地承包关系稳定并长久不变，健全面向小农户的社会化服务体系。我国城乡发展差距，主要体现在农村基础设施和公共服务滞后。《报告》要求，增加专项债券投入，支持现代农业设施、饮水安全工程和人居环境整治，持续改善农民生产生活条件。

（五）推进更高水平对外开放，稳住外贸外资基本盘。面对外部环境复杂变化，我们要坚定不移扩大对外开放，稳定产业链供应链，以开放促改革促发展，完善开放型经济新体制，培育国际经济合作和竞争新优势。

促进外贸基本稳定。当前，我国外贸企业特别是中小企业生产经营面临巨大压力。国际市场需求萎缩，国外订单大幅减少，运营成本急剧增加，部分企业存在资金链断裂风险。外贸行业直接和间接吸纳 1.8 亿人就业，稳外贸事关就业民生，必须加大政策扶持力度。《报告》围绕支持企业增订单、稳岗位、保就业作出了部署安排。要引导金融机构加强和改进对外贸企业的服务，加大信贷投放，防止资金链断裂。扩大出口信用保险覆盖面，为出口企业提供风险保障，做到应保尽保。加快落实出口退税政策，简化出口退税手续，确保企业及时拿到退税款。提升通关效率，降低进出口合规成本，提升贸易便利化水平。提高国际货运能力，加快跨境物流体系建设。要发挥强大国内市场优势，支持出口产品转内销，落实和完善相关扶持政策，引导出口企业开发面向国内市场的产品，加强与电商平台、批发零售企业、大型商超对接，构建内销网络体系。近年来，我国跨境电商进出口持续快速增长，成为外贸发展新亮点。当前传统外贸受到疫情较大冲击，要更大发挥跨境电商独特优势，以新业态助力外贸发展。《报告》要求，加快跨境电商等新业态发展。今年要在已设立59个跨境电商综合试验区基础上，再新设46个跨境电商综合试验区。推进新一轮服务贸易创新发展试点。中国国际进口博览会成功举办两届，成为扩大进口的重要平台。要继续筹办好第三届进博会，积极扩大进口，为消费者提供更多选择、促进消费增长，促进产业升级、助力高质量发展。

积极利用外资。利用外资是我们的长期方针，对促进经济持续健康发展具有重要意义。当前全球跨国直接投资低迷，商务人员往来受限，我们要采取有力举措，优化外商投资环境，努力促进外商投资稳定增长、提升质量。近年来，按照只减不增的要求，我国外资准入负面清单几经修订，清单越来越短。2018年版保留的限制措施与2011年版相比减少约3/4，制造业基本放开，服务业和其他领域有序推进开放。2019年版外资准入负面清单进一步缩短了清单长度。其中，全国外资准入负面清单条目由48条减至40条，自贸试验区外资准入负面清单条目由45条减至37条。《报告》指出，要大幅缩减外资准入负面清单，出台跨境服务贸易负面清单，这展示了我国坚定不移扩大对外开放的鲜明态度。改革开放40多年来，经济特区在我国经济体制改革中发挥了“试验田”作用，在对外开放中发挥了重要“窗口”作用。在新形势下，要深化经济特区改革开放，使之更好担负起为全国改革开放探路开路的重任。《报告》

提出，赋予自贸试验区更大改革开放自主权，在中西部地区增设自贸试验区、综合保税区，增加服务业扩大开放综合试点。自2018年以来，海南开启了全面深化改革开放、全岛建设自贸试验区和探索建设中国特色自贸港的进程，取得了初步成效。《报告》提出，加快海南自由贸易港建设。今年要按照分步骤、分阶段建立自由贸易港政策和制度体系的要求，对标世界最高水平的开放形态，突出以贸易自由和投资自由为重点，实施市场准入承诺即入制，建立公平竞争制度，完善产权保护制度。2020年1月1日起，新的外商投资法及其实施条例正式施行。要严格依法办事，加强外资促进和保护，加快与国际通行经贸规则对接，提高政策透明度和执行一致性，营造内外资企业一视同仁、公平竞争的市场环境。更加开放的中国大市场，将为各国企业提供更多发展机遇。

高质量共建“一带一路”。坚持共商共建共享，遵循市场原则和国际通行规则，完善政策、整合资源，发挥企业主体作用，鼓励地方积极参与，开展互惠互利合作，扎实抓好重大项目建设，积极拓展第三方市场合作，解决好金融支撑、投资环境、风险管控、安全保障等关键问题。要引导对外投资健康发展，创新对外投资方式，优化对外投资结构，提升风险防范能力。

推动贸易和投资自由化便利化。经济全球化符合世界各国的根本利益，是不可逆转的历史潮流。以世贸组织为核心的多边贸易体制，是当今国际经贸秩序的基石，其权威和效力应得到尊重和维护。《报告》强调，坚定维护多边贸易体制，积极参与世贸组织改革。推动签署区域全面经济伙伴关系协定，推进中日韩等自贸谈判。共同落实中美第一阶段经贸协议。中国致力于加强与各国经贸合作，实现互利共赢。

（六）围绕保障和改善民生，推动社会事业改革发展。保基本、兜底线是政府的重要职责。面对困难，基本民生的底线要坚决兜牢，群众关切的事情要努力办好。大力支持社会力量增加非基本公共服务供给，满足群众多层次、多样化需求。民生保障好，人心就稳，社会就稳。

*加强公共卫生体系建设。*针对这次疫情暴露出的短板和不足，《报告》就完善重大疫情防控体制机制、加强公共卫生应急管理体系等作出了部署。2003 年非典之后，我们初步构建起疾病预防控制体系、疫情信息直报系统，对于及时发现、报告和控制已知传染病发挥了重要作用，但也存在功能定位不清晰、疾病防治和应急处置能力不强等问题。总结这次新冠肺炎疫情防控中的经验教训，要改革疾病预防控制体制，坚决贯彻预防为主的卫生与健康工作方针，坚持常备不懈，将预防关口前移，加强传染病防治能力建设，完善传染病直报和预警系统，做到早发现、早报告、早隔离、早治疗。要依法实事求是、公开透明发布疫情信息，坚决查处瞒报行为。

要推进疫情防控基础设施和条件能力建设，用好抗疫特别国债，加大疫苗、药物和快速检测技术研发投入，增加防疫救治医疗设施，增加移动实验室，强化应急物资保障。要优化医疗卫生资源投入结构，加强农村、社区等基层防控能力建设，织密织牢第一道防线。加快公共卫生人才队伍建设，健全执业人员培养、准入、使用、待遇保障、考核评价和激励机制。深入开展爱国卫生运动，普及卫生健康知识，倡导健康文明生活方式，使健康促进成为全社会的自觉行动。目前疫情尚未结束，《报告》强调要大幅提升防控能力，坚决防止疫情反弹，坚决守护人民健康。

提高基本医疗服务水平。经过这些年的努力，我们已建立全国统一的城乡居民基本医保制度。在新冠肺炎患者救治中，这一制度发挥了重要保障功能，将患者及其家庭的医疗费用负担降到最低。《报告》提出，居民医保人均财政补助标准增加 30 元，提高医保保障能力。开展门诊费用跨省直接结算试点，便利流动人口和随迁老人。受疫情影响，很多医疗机构难以正常开展业务、收入大幅下降，《报告》要求给予扶持。深化公立医院综合改革。发展“互联网 + 医疗健康”。建设区域医疗中心。提高城乡社区医疗服务能力。推进分级诊疗。在抗击疫情过程中，中医药发挥了独特作用。要促进中医药振兴发展，加强中西医结合。食品药品质量关乎每一个人的身体健康和生命安全，今年还出现了“大头娃娃”等食品安全事件，《报告》强调，要严格食品药品监管，确保群众饮食用药安全。

推动教育公平发展和质量提升。教育寄托着亿万家庭对美好生活的期盼，教育公平是人生公平的起点。2020 年全国普通高等学校招生统一考试延期一个月举行。《报告》对有序组织中小学教育教学和中高考工作提出了要求。针对义务教育发展不均衡问题，《报告》要求加强乡镇寄宿制学校、乡村小规模学校和县城学校建设，完善随迁子女义务教育入学政策。办好特殊教育、继续教育，支持和规范民办教育。针对学前教育资源短缺、民办幼儿园普遍面临困难问题，《报告》要求发展普惠性学前教育、帮助民办幼儿园纾困。以经济社会发展需要为导向，推动高等教育内涵式发展，推进一流大学和一流学科建设，支持中西部高校发展。《报告》强调，要稳定教育投入，优化投入结构，缩小城乡、区域、校际差距，让教育资源惠及所有家庭和孩子，让他们有更光明未来。

加大基本民生保障力度。养老金是老年人基本生活保障。今年继续上调退休人员基本养老金，提高城乡居民基础养老金最低标准。现在全国领取养老金人数近 3 亿，《报告》强调必须确保按时足额发放。今年我国虽然实施了社会保险缴费阶段性减免政策，基金收入有所减少，但确保养老金按时足额发放是有保障的。这个保障就在于我们有积累、有调剂、有补助、有储备。一是基金有积累。截至2019年年底，全国企业职工基本养老保险基金累计结余5万多亿元，总体支撑能力较强。减免社保费后，大部分省份累计结余仍然比较多，可以动用一部分结余以丰补歉。目前全国已有20个省份实现基金省级统收统支，在全省范围内调动使用基金的能力进一步增强。二是跨省有调剂。今年企业职工基本养老保险基金中央调剂比例从2019年的3.5%提高到4%。三是财政有补助。近年来，中央财政持续加大对基本养老保险基金补助力度，地方政府也对养老保险予以补助。四是长期有储备。从本世纪初开始，我国建立了社会保障战略储备基金，目前基金规模已达到2万多亿元。划转部分国有资本是社保基金的重要资金来源，截至2019年年底中央层面已完成划转国有资本1.3万亿元，今年年底前要全部完成划转工作。《报告》提出，要落实退役军人优抚政策，做好因公殉职人员抚恤。《报告》要求切实保障所有困难群众基本生活。扩大失业保险保障范围，将参保不足1年的农民工等失业人员都纳入常住地保障。扩大低保保障范围，对城乡困难家庭应保尽保，将符合条件的城镇失业和返乡人员及时纳入低保。对因灾因病因残遭遇暂时困难的人员，都要实施救助，尽可能帮助他们解决就业和生活难题，坚决防止冲击社会道德底线的事件发生。

《报告》对丰富群众精神文化生活、加强和创新社会治理、强化安全生产责任、加强政府建设等作出了部署。《报告》还要求编制好“十四五”规划，对做好民族宗教侨务工作、国防和军队建设、港澳和对台工作、外交工作等作了阐述。

习近平总书记深刻指出，“中华民族历史上经历过很多磨难，但从来没有被压垮过，而是愈挫愈勇，不断在磨难中成长、从磨难中奋起。”我们坚信，在以习近平同志为核心的党中央坚强领导下，在习近平新时代中国特色社会主义思想的科学指导下，全国人民同舟共济、砥砺奋进，一定能夺取今年疫情防控和经济社会发展的双胜利，实现全面建成小康社会目标，迈向新的伟大征程。

（作者系国务院研究室党组书记、主任）

一、千方百计稳定和扩大就业

推动高职扩招百万平稳落地应尽快解决五大重点问题

郑真江　周海涛　景安磊

2019年《政府工作报告》作出了高职扩招百万的重大部署，职业教育战线备受鼓舞。各地各校普遍认为，这是全国高职教育的重大机遇，也是重大考验，必将对办学理念、招生办法、培养机制、师资建设、经费保障等产生深远影响，有利于倒逼高职大改革大发展，提高职业教育服务经济高质量发展、产业转型升级的能力。但对能否顺利完成扩招百万的目标任务，一些地方和院校也有担心和疑虑。就此问题，近日我们作了专题研究，并组织专家深入地方调研，召开地方教育部门和高职院校负责同志座谈会，有关情况报告如下：

一、生源从哪里来？

全国高职院校现有1418所，落实扩招百万任务，平均每所学校需扩招705人。按照《政府工作报告》部署，扩招对象从在校学生扩展到退役军人、下岗职工、农民工等社会群体。初步摸底，不同群体报考意愿差别大，总的是“中职学生意愿高、普通高中学生不强烈、社会群体在观望”。中职每年490万毕业生，升入高职的占38.5%，是高职的主要生源，扩招能进一步满足他们的升学愿望。普通高中学生一开始就是奔着本科高校去，一些考不上的也倾向于选择复读、出国留学等，扩招等优惠政策有一定作用，但生源的空间有限。退役军人、下岗职工、农民工等对学历提升有兴趣，但由于拖家带口，考虑到经济成本、生活压力、家庭因素等，多数处在摇摆犹豫状态。各地反映，此次扩招与1999年大学扩招有所不同，呈现生源复杂、需求多元、意愿分化的特点，必须加强统筹谋划，推动扩招任务有效落地。对此，我们有以下建议：

一是多措并举调动报考积极性。摸清不同群体的特殊需求和困难，在落实高职奖助学金提标扩面的同时，有针对性推出支持措施，主动消除不同群体的顾虑，在灵活入学、灵活教学、灵活学制等方面制定细化、分类的政策，做好政策解读和宣传，同时统筹制定教育、人社、退役军人、民政等领域的资助或扶持政策，多个渠道解决社会群体报考面临的实际困难。

二是破除社会群体报考的障碍。一些院校反映，有的地方要求必须持有居住证、暂住证才能报名；还有的要求必须是应届毕业生，往届的不能报名，这些不必要的障碍要尽快破除。还有一些地方提出，对社会群体报考的文凭要求，不宜“一刀切”，应综合考虑他们的从军从业经历、技能水平等综合因素。

三是招生计划应考虑学生报到率的因素。现在全国高职报到率大体在85%左右，办得好的报到率接近100%，办得一般的甚至仅 50% 左右，扩招后报到率的问题可能更加突出。应综合权衡考生结构、办学水平、专业特点等因素，招生计划安排要预留出一定余量，最后落实以有效生源为基准。多地提出，高职招生包括非全日制、非学历教育、自学考试、开放教育等不同类型学生，应尽快明确扩招百万的统计口径，避免扩招“注水”。

四是推动招生与就业的有机衔接。职业教育是就业教育，社会考生尤其重视后续的就业前景和保障。这几年一些院校探索委托培养、订单培养等校企合作模式，效果不错，应在扩招中加大推广力度。要有意识引导企业把招工需求与高职招生结合起来，根据生产活动需要，组织企业在职员工、技术升级后的分流员工参加再教育再培训，形成招、录、培、用一体化机制，探索入校即入厂、边工边读等方式，这符合职业教育办学规律，也能促进办学行为与生产活动合拍对路。有关部门应探索建立奖补和引导机制，提升企业加强人力资源开发培训的热情。

五是加强跨地区生源调配。各地高职教育发展千差万别，有的高职教育资源丰富但生源短缺，有的生源充足但高职教育资源短缺。不同地方的生源重点也不一样，比如北京的兵源约 80% 来自高校（含高职），退役军人参加高职教育的需求不大，湖南、四川等兵源大省的退役军人，报考需求相对较大。要树立全国“一盘棋”的观念，教育部应加强生源的省级调剂，重点做好劳动力大省、兵源大省等扩招工作，各地应加强省内调剂，做好平衡指导，防止一些地方为保护本地生源、阻碍合理流动。此外，招生计划投放应更多向经济建设急需、民生领域紧缺、区域特色专业倾斜，优化高职专业结构，提高扩招的综合政策效益。

二、考试怎么考?

现行高职考试招生办法主要是面向在校生的，大部分地方和学校在招录社会考生方面的经验不足。如何满足不同群体的报考需求，如何在“五湖四海”的考生中，选拔出更多合适的人才，这是高职考试招生制度改革必须破解的紧迫问题。我们有以下几点建议：

一是适当增加高职招考次数。现在一些地方春季高职单独招生已开始组织实施，一些学生错过了百万扩招的机会，退役军人返回地方大多在每年9—10月，无法参加春季考试，下岗职工、农民工对考试时间需求也存在不确定性。职业教育的自身特点和规律，决定了招生工作不能像普通教育一样、按照学年招生，必须根据不同群体实际，根据市场需求变化，灵活组织招生工作。一些学校建议，应借鉴美国社区学院滚动式报名、加拿大每年三个学期分别招生等举措，合理安排扩招的节奏，择机在高考前后或下半年，增设一次或多次高职单独招生。

二是增加技能评价在考试中的权重。目前进入高职院校的考试途径主要是普通高考和高职单独招生两类，普通高考重文化成绩、轻技能成绩，一些有技能特长的学生不占优势。应推广高职单独招生，完善“文化素质+职业技能”的评价方法，更加注重从业经验、技能证书及相关能力的评价，注重选拔更多爱技术、懂技术、愿意持续钻研技术的人才。一些地方建议，文化成绩与技能成绩要打通，对有技能特长的人才，不能让文化课成绩卡住他们的入学通道。对退役军人、下岗职工、农民工等，应探索分开考试、分开录取，也有利于后续开展相对集中、有针对性的教学管理和服务。

三是鼓励学校自主选拔人才。一些院校反映，自主招生资格、招生计划和时间、录取方式等卡得太死，不利于学校实施更加灵活多样的入学政策和培养机制，企业的需求周期与学校的招生周期、培养周期时常错位。他们建议，既然鼓励职业院校面向全社会招生，那就应同步扩大学校招生自主权，准许有特色、有质量、有信誉的院校自主决定招生计划和考试方式，让这些优质学校能够根据市场需求变化，及时调整招生方向、录取政策和培养办法。

四是科学把握录取的标准。多地提出，报名的通道应该尽量放宽，但这并不是降低录取标准，而是拓宽选才视野。录取过程中，该严格把握的还是要严格把握，不能把录取标准降得过低，否则会影响老百姓对高职的认可度。大部分地方和学校对注册制、免试入学方式持谨慎态度，比较统一的意见是，对有特殊贡献的退役军人、特殊需求的专业领域，对中国技能大赛、全国职业院校技能大赛、世界技能大赛的获奖选手，以及各行各业岗位能手、技术骨干等特殊人群，只要他们有学习意愿和能力，就要不拘一格，通过免试入学等特殊政策，帮助他们实现技术深造的愿望。

三、如何协同落实？

职业教育涉及多个部门，与行业企业关系紧密，做好这个工作，离不开中央与地方、政府与社会及各部门之间的协同配合。面向社会扩招后，生源结构更加多元复杂，前期的招生组织工作，后续的培养、服务和保障工作，更加需要多方参与。不少学校反映，职业学校与相关政府部门直接沟通的能力较弱，很难掌握退役军人、下岗职工、农民工等群体的具体需求和信息，企业参与职业教育的热情也还不高。能不能把各方的积极性充分调动起来，形成工作合力，事关扩招百万任务能否顺利落地。对此，我们有以下几点建议：

一是尽快明确政府部门的各自职责。多地呼吁，国家层面出台统一的指导办法和部门任务分工，减少各地分头沟通的压力。教育部门应牵好头，退役军人、工信、人社、国资、农业农村、扶贫办等部门应在各自职责范围内，共同配合做好生源摸底、报名动员、身份界定、资格审查、组织服务、资助保障等工作。

二是把面向社会扩招与面向社会办学结合起来。大家普遍认为，近些年来，国家积极推动校企合作、产教融合，但“两张皮”的问题仍然突出，应加快破解。职业教育不是普通教育，办学活动不能局限在校园内，应该以扩招为契机，进一步推动开门办学，把教育教学有机嵌入部门的各类职业培训中，延伸到更加广阔的田间地头、生产一线。比如，退役军人参加高职教育不一定都集中到退役后，美国采取“退役前培训”和“退役后培训”相结合的方式，退役前培训更有利于集中教学和管理，我们也应积极探索军地合办职业教育的方法，实现服役前后的贯通式培养培训。又如，农业、农村建设等专业，可以探索办到田间地头，不少学校有积极性，相关部门和地方应制定更多支持办法，为学校开展工作提供便利。再如，校企合作培养人才还有很大的潜力，要推动各地落实“金融 + 财政 + 土地 + 信用”的组合式激励，扭转企业在校企合作办学中积极性不高的问题。

三是鼓励社会力量兴办职业教育。一些企业反映，举办学校的土地必须是教育用地，但企业土地一般是工业或商业用地，转换成教育用地手续烦琐且存在土地权益损失风险；一些规定对设立学校的占地面积、生均面积、校舍面积等有严格要求，中小微企业根本办不起。大家建议职业教育准入门槛应更加灵活多样，既要鼓励兴办大型的职教集团，也要鼓励一些小型的、有特色、高质量的职业教育机构发展，提供不同政策支持。

四是共同落实技术技能人才待遇。一些地方反映，去年中办、国办印发《关于提高技术工人待遇的意见》，文件的举措都很好，但落实方面还有差距。应加强对各地各有关部门落实的督查力度，坚决清除对技术技能人才的歧视性政策，提升他们的社会地位，让他们有奔头有地位，吸引更多优秀人才参加职业教育培训。

四、怎么提高质量?

目前社会各界对扩招后怎么保障教育质量的问题十分关注。过去，高职院校的生源多为18—22周岁适龄人口，扩招之后，高职教育面临从“娃娃教育”向“全民教育”的转型，对学位供给、培养能力、教学管理等提出了新的挑战。对此，我们有以下建议：

一是重点抓好薄弱学校办学质量。现在优质高职院校、优质专业基本处于饱和状态，但是薄弱学校生源短缺问题突出，这其中主要原因还是办学质量问题。扩招后薄弱学校办学质量不高的问题将更加突出。提高薄弱学校办学质量是长线工作，从近期看，应加强产业升级急需的薄弱学校相关专业建设，在合作办学、联合招生、职教集团建设等方面推出更多有力举措，推动强校带弱校，推动信息化资源建设，加强资源共享，不断扩大优质教育资源覆盖面。还有地方指出，要善于用好上下流、内外教育资源，包括加快推动地方本科院校向应用型高职院校转型，允许一些办得好的、有条件的中职学校开办部分高职专业，还可深入挖掘国际化高端职业教育资源，扩大中外合作办学规模。

二是尽快补足“双师型”教师缺口。全国高职院校专任教师约有50万人，其中“双师型”教师仅占40%。扩招100万人，按教育部要求的平均师生比1:18来测算，高职院校师资新增缺口5.6万名。应落实好《国家职业教育改革实施方案》提出的将企业工作经历作为教师聘用条件的要求，推动高职教师招聘改革，破除唯论文、唯帽子、唯职称、唯学历、唯奖项倾向，放权让高职院校从企业和社会招聘工程技术人员、高技能人才、能工巧匠到学校任教，鼓励高职院校探索灵活编制、灵活薪酬等方法，解决教师队伍数量不足、质量不高的问题。

三是探索适应不同群体特点的分类教学。各地普遍认为，要根据社会群体的职业特点、文化基础、年龄结构、专业选择等不同情况，分类推进教学工作，单独制订培养方案，开设菜单式课程，开展分层教学和模块化教学，构建更多灵活多样的教学服务格局。对年龄较大的学生来说，应发挥校企合作的优势，比如参照德国的做法，受教育者与企业签订职业教育合同，每周3—4天在企业实习，1—2天在职业学校学习，企业在整个学习期间给予其生活津贴，这样更加适应社会群体生源的学习和生活习惯。

四是推进灵活学制改革。《高等教育法》第17条规定，专科教育的基本修业年限为二至三年。建议突破现有学制年限，探索灵活学制，学习时间可长可短，学习方式灵活多样，用好退役军人、下岗职工、农民工等特殊群体的碎片化时间，帮助他们顺利完成学业。适应灵活教学、灵活学制的需求，必须强化学分银行建设，推动入校前后不同学习成果的认定、积累和转换，全面实现学习成果可追溯、可查询、可转换，减少社会生源重复学习负担。一些地方建议，可参照美国社区学院和澳大利亚专门技术学院的做法，将从业经历、实际技能等折算成相应学分，加快学历证书与技能水平的互通衔接。

五、如何加大保障？

职业教育由于实验实习设备设施的成本较高，相对普通教育需要的投入更大。长期以来，我国职业教育欠账多、办学条件薄弱。2017 年全国高等教育经费总投入 1.1 万亿元，其中高职为 2025 亿元、占比不到 1/5，这与高职教育“半壁江山”地位很不相符。扩招百万后，按照现行高职生均财政拨款不低于 1.2 万元标准测算，需新增投入 120 亿元，加上奖助学金扩面提标，高职教育“缺血”的问题将更加突出。对此，有以下几点建议：

一是加大各级财政的投入力度。现行的管理体制中，职业教育投入责任主要在地方，但各地财力不平衡且存在重普通教育、轻职业教育的倾向。从长期看，应进一步调整优化教育经费使用结构，短期看，应根据扩招的实际需求，做好经费科学测算、加大专项支持。中央财政要发挥更多的引导作用，通过设立职业教育奖补资金、实施中国特色高水平高职学校和专业建设计划等，引导督促各地落实职业教育投入责任（注：今年中央财政大幅增加对职业教育投入，安排现代职业教育质量提升计划经费 237 亿元，比去年增长 26.7%，实训基地建设等经费也有较大增长）。经费使用要进一步突出改革导向，支持校企合作，注重向中西部、贫困地区和民族地区倾斜。

二是加强各类涉及职业教育的经费统筹。现在职业教育培训分散在多个部门和领域，很多部门都有相应的技能人才培训中心，工会教育、就业培训、扶贫开发、移民安置、职业农民培育等，都有部分职业教育培训经费。建议国家层面完善政策举措，推动各地加大统筹力度，多渠道筹集职业教育经费。

三是鼓励企业加强职工的技能深造投入。去年5月，财税〔2018〕51号关于企业职工教育经费税前扣除政策提出，职工教育经费不超过工资薪金8%的部分，准予税前扣除，超出部分准予结转扣除。应完善职工教育经费的使用办法，确保职工教育经费专款专用，鼓励广大企业职工参加在职学历教育和培训。

今年高职扩招百万工作进展顺利但存在的问题不容忽视

——关于高职扩招落实情况的专项调研（上）

侯万军　郑真江　邢晖　郭静

2019 年高职院校扩招 100 万人工作已近尾声，近日我们会同教育部对扩招情况进行了研究，分别到广东、浙江、陕西等地了解情况，召开部分省份教育部门、职业院校和企业参加的座谈会。总的来看，各地各校认真落实《政府工作报告》部署，在时间紧、任务重、涉及环节多的情况下，克服各种困难，推动扩招任务顺利落地。这次高职扩招，有力推动了职业教育改革发展，提升了职业教育的社会地位，受到各方面好评。同时，也存在工作进展不平衡、教学资源不配套、部门协调不紧密等问题，值得引起重视，并尽快采取措施，以巩固扩招成果、释放职业教育改革红利。

基本情况：2019 年全国下达高职招生计划数 532 万。截至 11

月15日,已录取536.5万,实际报到455.3万,比去年增加86.5万。目前第二阶段补报名和招录工作还在进行中，已有10个省份录取27.7万，7个省份实际报到数6.3万，河北、黑龙江、山东、云南、甘肃、新疆等6个省份完成率超过100%。从扩招情况看，预计今年高职招生报到数将比去年增加115万左右，超额完成百万扩招的任务。

各地普遍反映，现在高职扩招的政策效应持续释放，愿意接受职业教育的人越来越多，企业参与职业教育办学的积极性越来越高，职业教育改革创新步伐明显加快。过去，高职招生主要面向应届毕业生，办学活动相对局限在教育系统内，对市场需求不够敏感，存在重学历教育、轻技能教育的问题。这次扩招，鼓励社会各类生源报考，哪些专业好招生，什么技能最吃香，社会考生会用“脚”投票，这在一定程度上倒逼高职院校面向市场需求调整专业设置。比如，学前教育、物流管理、机电一体化、食品加工技术、财会等就业形势好的专业容易完成招生计划，而一些与市场需求脱节的专业，“生源荒”问题比较突出。总的来看，高职面向社会扩招不仅能有效增加高技能人才的供给，而且对促进职业教育与经济社会良性互动具有重要作用。

同时，各地各校普遍反映，由于今年首次面向社会大规模招生，落实扩招任务准备不足，很多配套措施没有跟上，扩招后存在一些突出问题，主要有：

一是校舍等硬件条件不足。去年全国1418所高职院校中，生均教学行政用房不达标的有557所，生均教学科研仪器设备不达标的有109所，生均图书不达标的有673所。今年扩招后，原来就比较紧张的宿舍食堂等生活设施、教室教学设备及实训场地进一步被“摊薄”，影响正常教学秩序。有学校反映，只能利用寒暑假或双休日的空当为扩招学生提供教学。有的省5个基本办学条件指标全部合格的高职院校仅占20%左右，扩招后办学条件不达标的问题更加突出，而校园基本建设从立项、施工到投入使用，一般需要2年甚至更长时间。有的学校扩招后，学生宿舍从4人/间改到8人/间。有的学校把学生安排到大教室，40个学生睡“大通铺”。有的高层宿舍水压不足，电力容量不够，办学设施已亮黄牌。

二是师资短缺严重。按18:1的师生比测算，全国高职院校中近一半达不到标准，扩招后又需新增教师6.5万人，但我国现有职业教育师范专业培养规模每年仅1万人左右。大部分院校缺乏编制，而扩编程序复杂、核定周期长，短时间内难以补齐教师缺口。有学校反映，扩招后教师工作量增加但收入并未增加，一些教师抱怨“加量不加价”，影响工作积极性。

三是教学组织难度加大。各校反映，社会考生的入学年龄、教育背景、学习习惯、生活经历等都与应届生差异很大，给教学组织带来不少挑战。扩招生年龄从18—60岁不等，绝大多数有家庭和工作，如何让这些学生保障起码的在校学习时间和学习质量是一大难题。大家还反映，教育部《关于下达2019年全国分省分部门普通高等教育招生计划的通知》要求，“未经国家批准，高等学校不得以任何联合办学的名义，擅自设立各类分校和校外办学点”，但高职院校不同于一般的普通本科高校，面向社会招生后，校企合作办学、在企业设立校外办学点的情况比较多，需适应这些新情况需要，调整有关政策。

四是社会考生报到率较低。社会考生报到率远低于应届考生。截至目前，退役军人录取26.4万，实际报到13.2万，报到率仅50%；下岗失业人员录取1.5万，实际报到0.9万；农民工录取5.5万，实际报到4.2万；新型职业农民录取2.3万，实际报到1.3万。有学校反映，现在招生环节把社会考生的积极性调动起来了，但如果后续的教学安排、保障措施跟不上，社会考生入学后心理落差大，也存在二次流失的风险。

五是经费保障有缺口。各地普遍反映，经费保障不足是影响扩招实效的一大制约因素。按照现行高职生均财政拨款不低于1.2万元标准测算，扩招百万需新增投入120亿元，这仅是保运行、保基本的投入，校舍、教师、实训基地、奖助学等方面都需要增加相应投入。有地方测算，从短期看，扩招1名高职工科类学生需新增综合投入约10万元；从长期看，基础建设、设施保障等到位后，综合投入成本会明显下降。而现实情况是，很多学校特别是中西部高职院校，连生均1.2万元的投入标准都落不了地，其他方面的保障更是问题。

六是对公平招录产生一定影响。多地反映，高职春季招考主要面向应届生，要经过统一考试，各院校择优录取，属竞争性选拔；而之后的补招录取主要面向社会考生，一些第一次没有考上理想学校或专业的学生，因为身份是社会人员、成绩要求相对较低，很容易上了好学校、好专业。教育部门反映，由于社会考生文化水平参差不齐，加之各校为了完成扩招任务争夺生源，致使录取门槛不断降低、甚至没有门槛。不少学校担心扩招后无法保证教学质量，降低学历的含金量。有学校拟采取“学历证书加注”方式，加注录取途径、学习方式等信息，以示区分。

面对这些问题和挑战，各地各校总体能正确看待、积极应对，认为这是职业教育深化改革和高职院校转型发展中必经的

“阵痛”，表示要抓住扩招机遇、主动作为，推动高职教育实现新发展。各地教育部门表示，将对扩招中的经验做法进行系统梳理，认真总结，及时出台新的政策措施，进一步巩固扩招成果。

巩固高职扩招成果需释放“五大潜能”

——关于高职扩招落实情况的专项调研（下）

侯万军　郑真江　邢晖　郭静

对高职教育，当前各方面主要关注两个问题：一是如何尽快消化今年扩招带来的挑战；二是明年是否继续扩招？这两个问题核心是如何巩固扩招成果。我们认为，一方面，千方百计做好已招录学生的培养工作，确保扩招质量。只有把已招录的学生特别是社会考生的培养工作做好了，才能不断增强职业教育的吸引力，进而吸引更多的社会考生，推动职业教育良性发展。应针对扩招后的应届与非应届、已就业与未就业、不同年龄段等生源特点，制定有针对性的培养方案，采取弹性学制和灵活多元教学模式，不能因扩招而降低培养质量。另一方面，拓宽视野、转变思路，继续稳住今年的扩招规模。这样做，不仅是必要的，而且是完全可行的。所谓必要，是因为职业教育在国家发展大局中的作用越来越凸显，经济社会发展急需大批高素质的技能型人才，连续、稳定扩招可以给全社会发出积极、清晰、可预期的政策信号。所谓可行，是因为我国职业教育潜能还没有充分释放，只要工作到位，把政府、学校、社会、企业、公众等多方积极性都调动起来，形成合力，明后两年稳定扩招规模是完全可行的。就潜能而言，主要有以下几个方面：

一、社会群体的潜能

面向社会招生是今年高职扩招的重要创新。从目前实际报到的455.3万学生中，退役军人、下岗失业人员、农民工、新型职业农民等社会群体考生，加起来仅24.9万，仅占5%左右，社会考生的潜力还没有充分释放。第二次补报名主要面向社会群体考生，虽然各地情况千差万别，但一些领导重视、招生组织工作比较好的地方和学校，社会考生报名情况明显要好。广东补报名计划招录社会考生6万人，有17万人报名参加。安徽补报名16.8万人，是扩招专项计划的187%。济宁职业技术学院一个专业拟招收50名退役军人，但有450名退役军人报名参加。面对庞大的社会群体生源，即便是小众化的需求，会聚起来也可能形成数量可观的报考群体。

为了更好释放社会群体的潜能，建议：

一是把招考政策宣传好。建议从现在起就抓紧制定明年招生的政策宣介方案并多媒体、多形式宣传，特别是对教学方式、专业特点、职业前景、国家政策等方面加大解读力度，及早引导好各类社会人员的报考预期，消除各种疑虑。

二是吸引更多企业在职员工上高职。按现有文件规定，今年扩招的四类社会人员不包括企业在职员工，而这方面的需求可能是最旺盛的。现在已有不少企业在积极寻求与高职院校合作办学，国家应加大政策支持力度，尽快研究出台鼓励企业在职员工上高职的具体措施。

三是切实提升职业技能教育含金量。社会考生更看重的是技能提升和职业前景，而非大专学历，应把提升职业教育含金量作为增强吸引力的核心任务来抓，促进产教深度融合，落实好“学历证书 + 职业技能等级证书”（1+ X证书）制度。

四是消除后顾之忧。制定针对社会考生特点的奖助学金制度，鼓励银行推出专项助学贷款，以多种方式吸引潜在有效生源。

二、企业参与的潜能

企业是职业教育的受益者，也应是参与者、举办者。如果把企业的积极性调动起来，将激发出更多潜在的职业教育需求。福建“二元制”人才培养改革深受企业欢迎，今年安排招生 2. 7 万人，较去年增加 2. 2 万人，增幅达 474%。不少学校认为，校企合作招生、培养、就业的“一条龙”机制，是破解非应届学生报考意愿低这一现实困境的有效办法，应加快推进现代学徒制，加强订单培养、定向培训。珠海城市职业技术学院介绍，他们与某精密模具公司联合培养技能人才，扩招中，仅该公司的一个分厂就报了 150 多人，这些人集中在一个厂里，比社会上分散报名的，更容易组织教学活动。企业的深度参与，不仅可以成建制、有规模地开展职业教育，而且可以更好满足不同企业的个性化需求、有效保障教学质量。因此，明年应把扩招的重心更多地放在校企合作上。为此，建议：

一是扩大“二元制”人才培养改革试点。鼓励试点院校会同合作企业共同制订招生方案，畅通招、录、考、用各环节，鼓励企业给在职员工学习深造保留员工身份并发放基本工资。

二是探索推行定制化、个性化的人才培养模式。鼓励高职院校把学校的培养任务与企业的内部培训需求结合起来，为企业量身定制培养方案。

三是打造校企合作办学基地。特别是支持院校在大型国企、上市公司、劳动密集型企业等设立合作办学点，探索组团报考、集中教学模式，采取淡进旺出、淡学旺工、工学交替、校企共育等灵活培养方式。

四是完善激励措施。徽商职业技术学院等学校建议，对积极组织推动员工参与技能深造、主动提供实训基地的企业，给予税收优惠和表彰奖励。

三、部门协同的潜能

从扩招情况看，凡是各部门协作有力的，扩招工作进展就比较顺利；相反，部门协同不够的，扩招效果就大打折扣。各地普遍建立多部门参与的领导小组。广东教育厅与相关部门合作中，制订专项人才培养计划，开发不同群体报名小程序，调动部门合作积极性，取得了很好实效。但很多地方和学校反映，部门协同不够是影响扩招实效的重要因素。一些学校反映，招生中要一个个部门去跑，有时还要跑行业协会、跑企业，工作量大不说，有时连门都进不去，很多涉及多个部门的事情仅靠教育部门和学校的力量是协调不下来的。各地各校强烈呼吁，把各部门的积极性充分调动起来，形成合力，不让教育系统“唱独角戏”。建议：

一是明确工作责任。不同部门配合什么、有什么职责，必须有硬要求，特别是在招生环节，要发挥相关部门熟悉不同社会群体情况的优势，共同做好组织工作，甚至部分招生动员任务可以直接下达给相应的职能部门，压实工作责任。

二是加强人才培养合作。比如今年农业农村部、教育部联合印发培养高素质农民的通知，提出 5 年培养 100 万名高素质农民目标；交通运输部、退役军人部、教育部实施“浪花计划”，5 年将培养 15000 名高职学历的高素质船员，应当推广这些做法，从顶层加强部门政策的协调。

三是推动各部门结合各自实际。为社会群体报考高职院校提供有针对性的配套保障。

四、区域协作的潜能

今年是高职扩招第一年，一些地方在一开始落实扩招任务时，心里并没有底，普遍感到压力很大，为确保本地完成招生任务指标，严格限制外地高职院校来本地投放招生计划，或设置各种隐形障碍，以保护本地院校的生源。从目前各地统计的生源结构看，本省生源与外省生源的比例约为 9∶1。跨地区招生受限，也是导致一些有条件的院校招生困难的一个原因。

就全国而言，高职大省并不一定是生源大省，教育部应统筹全国各省生源基础，完善招生计划投放。建议：

一是根据各省高职资源分布情况，加强东中西部招生协作，支持高职资源富余省份扩大在生源较多省份投放招生计划，探索高职院校招收外省市中职学生的政策，扩大接受高职教育的有效需求。

二是打破异地办校、办分校的政策障碍。允许各地有机组合省内高职院校、中职学校、企业教学资源，通过集团化办学等形式，充分利用中职学校、行业企业的食宿、教学场所等硬件资源，高水平完成扩招任务。

三是加强督促检查。对阻碍生源流动、限制外地院校投放招生指标的，要及时纠正，为各地各校落实扩招任务创造良好的环境。

五、学位供给的潜能

各地为了确保今年扩招任务顺利落地，在向学校下达扩招任务指标时，并不是平均用力，而是选择了办学条件好、实力强、声誉高的院校，可以说承担扩招任务的基本是高职院校中的“精锐部队”，但也造成学生过度集中。福建泉州黎明职业大学去年招收 4072 人，今年扩招到 8408 人，翻了一番。湖南汽车工程职业学院今年扩招 5780 人，比去年增长 60% 以上。学生的过度集中，一方面使示范校、骨干校等优质学校超负荷运行、不堪重负；另一方面也造成普通高职院校特别是薄弱学校生源进一步萎缩，学位闲置、办学资源浪费问题突出。

建议：

一是整合高职资源。针对落实扩招任务中高职院校两极分化问题，应通过优质学校带动薄弱学校，把高职学位资源充分释放出来。对长期办学质量低、生源严重不足的院校，该淘汰的推动淘汰，能兼并的推动兼并，盘活高职教育资源。

二是推进招生协作。四川工程职业技术学院牵头组建“1+8”扩招联盟，把不同类型、不同水平的高职院校组合在一起，实行组团式扩招，既能解决扩招中优质学校学位资源紧张问题，也能带动高职教育整体实力的提升，应总结推广这些经验做法。

三是调动民办学校积极性。现在我国有330所民办高职院校，占高职院校的23%，这些学校大多没有承担扩招任务，应鼓励办得好、有信誉的民办学校承担扩招任务，并给予相应政策支持，同时加强监管，严防虚假招生、买卖生源，确保政策不走偏。

稳就业要高度重视促进灵活就业发展

马志刚　张凯竣

近年来，我国灵活就业规模快速增长，有力拓展了就业空间，促进了经济转型。但同时，现有政策体系和服务管理方式还存在一些不相适应的地方。在当前经济下行压力加大、就业形势严峻情况下，亟须有针对性疏通堵点、完善机制，为灵活就业健康发展创造条件。近期，我们就此对部分代表性平台企业、知名招聘网站、灵活就业人员进行了走访，现将有关情况报告如下。

一、灵活就业对稳定和扩大就业具有重要作用

灵活就业容量大、门槛低、形式多样，作为与传统有稳定单位和劳动关系就业不同的就业方式，契合了新动能发展和组织结构变革的方向，已经成为稳定和扩大就业的重要渠道。

灵活就业顺应了新产业新业态新模式发展趋势，呈现出强大的就业吸纳能力。这些年，随着我国产业结构调整持续推进，新

产业新业态新模式快速发展，“互联网 +”在各行各业广泛渗透，就业方式和形态发生深刻变革，灵活就业正在成为越来越多人认可的一种就业方式。从规模上看，目前以灵活就业为主体的非单位就业人员占整个就业人员比重达三成以上，若加上个体从业人员，总量就更大了，灵活就业早已不再是昔日的就业辅助和补充形式。据测算，未来 5 年我国灵活用工市场规模将保持年均 20% 以上的高增长。从结构上看，服务业的发展、新兴产业的兴起特别是平台经济、共享经济等崛起，催生了大量灵活用工需求。现在全国各类主要餐饮平台外卖送餐员已达 600 万，但节假日等高峰期缺口仍然十分明显。某社交平台自 2014 年以来年均创造新增就业 200 多万个，且每年以两位数的速度增加，其中绝大多数属于灵活就业。开放式平台生态还催生了一批诸如程序开发、数据挖掘、内容运营维护等全新的灵活用工岗位，这些新职业更多依赖知识技能和创新创意，在时间、地点和工作机构上更加灵活。从就业意愿看，新一代劳动主体更偏好灵活工作方式。北京大学学生就业指导服务中心统计，近 5 年该校灵活就业的毕业生比例逐年增长，累计增幅超过 60%；2018 年全校有近 15% 的毕业生选择了灵活就业。很多新生代农民工也更愿意进入快递、外卖等“自由”职业，而不愿像父辈一样到工厂、工地从事“传统”工作。

灵活用工有助于降低运营成本，是企业应对经济下行压力的重要用工方式。面对当前较大经济下行压力，不少企业为降低成本，在用工上都倾向于采用岗位外包、项目众包、阶段性合同等方式。多家网络招聘平台数据显示，与固定岗位招聘需求持续下降不同，今年以来短期灵活招工行为呈明显上升态势，一些科研类、创意类灵活岗位需求仍然保持快速增长。据预测，今年全国社交电商从业人员规模将同比增长 58%。

灵活就业方式多样、包容性强，已成为下岗职工、退役军人等就业困难人员再就业的重要途径。灵活就业覆盖行业广阔，既有快递服务、商品销售、建筑施工等低技能工作，也有服务预订、技术开发、内容付费等“高大上”工种；既可以按项目工作、短时工作，也可以是自由职业，从业者时间支配更自由。这为下岗职工、退役军人、农民工等群体提供了更多就业选择机会。比如，2016年年底才成立的某知识付费平台，累计生产知识产品350多万个，但固定员工只有200多人，绝大多数产品来自自由职业者、下岗职工、退役军人等兼职人员。某出行平台网约车司机中有6.7%是建档立卡的贫困人员，12%是退役军人，51.5%是进城务工人员。目前全国快递人员约有300万人，每年以20万左右的速度增长，主体也主要是农民工、下岗职工和退役军人。

灵活就业优化了劳动资源配置，有效提升了整体就业质量。大数据、云计算等信息技术的广泛运用，众包、兼职、事业合伙人等组织模式的不断涌现，推动了人员岗位的精准匹配。特别是平台型企业作为新的组织形式，发挥了招工中介和用工主体的双重作用，有效减少了摩擦性失业发生。据估算，2018年，平台经济共雇用约600万就业者，带动提供共享服务的灵活就业人数达到7500万人；到2035年我国数字经济带来的总就业容量将达到4.15亿人，其中灵活就业将是主流形态。

二、灵活就业发展面临的突出问题

长期以来，由于灵活就业一直被作为非正规就业，政策取向上对灵活就业发展的定位不清、重视不够、支持不到位，影响和制约了其稳定健康发展。

一是部分行业准入监管抑制了灵活就业活力。尽管就业始终被置于经济社会发展的突出位置，但具体监管层面仍存在不协调甚至相冲突的情况。特别是对于一些吸纳大量灵活就业人员的新产业新业态新模式，在市场准入、资格认定等方面存在标准过严、门槛过高等问题。比如，很多城市的网约车监管政策对驾驶员户籍设置了门槛，减少了外来务工人员的就业机会。再如，“互联网＋护理服务”政策规定，“网约护士”要至少具备5年以上临床护理经验和护师以上技术职称，导致50%以上的注册护士都不符合要求。

二是就业帮扶和优惠政策覆盖不到位。2019年以来我国在稳就业方面出台一系列实招硬招，但一些企业和从业者反映，职业指导、技能培训等已有扶持政策和就业服务体系主要面向传统用人单位和“标准”就业、失业群体，并未充分覆盖到灵活就业人员。比如，有从业人员反映，今年社保费率下调并未涉及个人缴费部分，灵活就业从业者仍需按20%比例缴纳养老保险，明显高于城镇职工养老保险个人承担比例，参保压力较大。再如，职业技能培训补贴政策尽管名义上涵盖了灵活就业群体，但由于相关细则不明确，基层就业服务机构往往按照传统流程办理，要求提供劳动关系、本地户籍和在岗证明等材料，使得灵活用工企业和从业者难以享受相关政策。在职业介绍方面，由于不满足签订劳动合同、缴纳社保等要求，很多平台企业的灵活用工需求难以得到就业服务机构的认可。

三是现有社保政策让企业和灵活就业者面临“两难”选择。目前的社保体系具有明显的“单位关联型”特点，对灵活就业的适用性有所欠缺。灵活就业人员只能以个人身份参加养老、医疗保险，由于政策知晓度差、户籍地限制、缴费成本高等因素，很多灵活就业者游离在社会保障网之外。我们走访的一位自由编程从业人员反映，他想参加养老、医疗保险，但不知道去哪缴费、怎么缴费。特别是在制度上，工伤保险尚未覆盖灵活就业者，而这一群体面临的工伤风险不容忽视。一位来自河北的快递员说，干他们这一行收入不错，就是怕途中剐蹭、受伤，希望自费上个工伤保险。同时，不少企业反映，如果“一刀切”地要求用工单位为灵活就业人员缴纳社保，也会显著抬高企业用工成本，进而影响企业发展和招聘人员数量。

三、加大对灵活就业支持的政策措施

保持就业大局稳定，离不开灵活就业的有力支撑。要顺应产业模式和就业模式的转型需要，摒弃以传统就业观念审视新就业形态的做法，聚焦灵活就业发展面临的痛点堵点问题，完善制度、优化服务，充分释放灵活就业的巨大活力。

第一，研究制定促进灵活就业健康发展的指导性文件。突出灵活就业在就业工作全局中的重要地位，进一步明确灵活就业发展的方向性、原则性要求，更好指导地方和部门工作。及时修订完善有关法规，对灵活就业所涉及的非标准劳动关系等一系列问题作出具体规定。加强宣传教育，引导全社会转变就业观念，营造尊重关心灵活就业的社会氛围。

第二，以包容审慎监管引导企业创造更多灵活就业岗位。坚决破除妨碍灵活就业等新就业形态发展的不合理束缚和隐性壁垒，持续优化就业环境。落实好就业优先政策，在出台行业准入监管等政策时，加强对就业规模和质量的影响评估，增强政策之间的协同性，防止地方对行业准入标准层层加码。大力发展“互联网 +

就业”等市场化、泛在化的新就业模式，对就业带动效应明显的平台经济、共享经济以及劳动密集型企业等，给予更多政策支持。

第三，完善灵活就业的政策支持和服务保障体系。鼓励公共就业服务部门创新服务方式，扩大服务范围，由服务传统就业为主转向传统就业与新就业形态并重，实现各项扶持政策对灵活就业的无差别覆盖。完善1000亿元失业保险基金结余相关使用办法，加大对灵活就业从业者技能提升和转岗转业的培训力度。研究制定灵活就业和新就业形态从业者的认定标准和统计办法，将公共就业服务延伸到平台经济、共享经济等用工企业。

第四，探索创新适合灵活就业从业者的权益保护方式。改革完善社保制度，可在特定领域与地区的就业人群中率先试点，建立适应新就业形态的参保缴费机制，如探索建立职业伤害保险、平台以总额缴费方式为灵活就业者提供工伤保险等。加快建设“网上社保”，为新就业形态从业者参保及转移接续提供便利。强化新兴行业企业用工自律，鼓励企业依靠技术手段解决灵活就业人员的社会保障和责任划分等问题。严格落实劳动保障法律法规，将新就业形态从业者劳动保障纳入劳动监察范畴。

促进共享经济平台就业亟须解决的几个问题

王存宝　乔尚奎

近年来，共享经济就业规模不断扩大。据有关数据，2018 年共享经济平台企业员工达 598 万、同比增长 7. 5%，依托平台提供服务的人员达 7500 万、同比增长 7. 1%，在稳就业中的作用日益突出。依托平台就业的人员多为灵活就业，如何完善适应其特点的就业服务和社保政策，平台企业和从业人员都有较高期盼。近期我们调研走访了部分平台企业、从业人员和专家，梳理了几个反映较为突出、急迫需要解决的问题。现将有关情况报告如下。

一、平台就业监管应体现包容性和灵活性

平台就业是否纳入现行劳动法律法规进行监管，是平台企业和从业人员共同关心的问题。调研中企业普遍认为，企业与依托平台就业的人员不是劳动关系，而是信息撮合或服务合作关系，不适用现行劳动法律法规。很多企业希望尽快明确平台就业性质，

不按照传统劳动关系进行管理。从业人员大多对双方是不是劳动关系没有明确认识，仅在安全等方面维权时要求按劳动关系处理，以提高赔偿额度。许多专家认为，平台就业方式灵活多样，应审慎界定平台企业和从业人员的法律关系，合理把握监管尺度。

从现实情况看，平台就业能有效降低企业人工成本，从业人员也能获得更多就业机会，双方是互惠的。当前就业压力较大，建议按照包容审慎、灵活适度的原则，继续鼓励平台企业采用灵活用工方式增加就业，并针对不同情况进行分类监管。对明显不具有劳动关系特征的，不简单套用现行劳动法律政策、要求平台企业履行过高的法律义务，避免加重企业负担。对用工性质难以准确界定的，也应合理把握，把监管重点放在维护劳动者获得报酬、安全防护等基本核心权益上。鼓励平台企业与从业人员加强沟通，对业绩考核、报酬支付等涉及双方利益的重大事项进行协商。

二、社保方式应灵活、解决好职业伤害保障问题

由于就业方式灵活，平台从业人员社保参保方式明显不同于一般企业的职工。调研发现，从业人员普遍没有以平台企业职工的身份参加养老、医疗等保险，多数是以城乡居民或灵活就业人员身份缴费参保，并对职业伤害保障问题较为看重。

从养老和医疗保险的参保情况看，一项对 89 万名网约车司机的调查显示，大部分人在户籍地参保，其中约 71% 参加养老保险、88% 参加医疗保险；在常住地参保的较少，主要是由于很多城市设置了户籍条件。在户籍地参保的希望参保缴费更便利。为此建议，对已在户籍地参保的，可依托全国社会保险公共服务平台等载体提

高便利度，实现网上或手机客户端参保缴费、转移接续、享受待遇。对在城市长期稳定工作生活的农民工等人员，积极落实在城市落户政策，给予更多参保选择。同时，鼓励平台企业为从业人员购买商业保险，支持商业保险公司开发更多面向灵活就业人员的产品，符合条件的可纳入税收优惠范围，加大支持力度。

网约车司机、外卖员、快递（配送）员等平台从业人员安全风险高，对职业伤害保障的需求十分迫切。由于未与平台企业建立劳动关系，从业人员不能参加工伤保险。虽然一些平台企业购买了意外伤害商业保险，但很多从业者反映理赔难、保障力度小。发生工伤不仅危及从业人员人身安全，还会引发从业人员与企业的劳动争议，对企业来讲也是“人财两失”。解决平台从业人员职业伤害问题，可在现行工伤保险制度外另辟蹊径，探索兼顾平台企业和从业人员双方利益的风险分担机制。建议创新由平台企业、从业人员共同筹资的职业伤害保障机制，在职业风险高的网约车、外卖、快递（配送）等行业先行试点，按接单收入一定比例缴费参保，合理划分平台企业和从业人员缴费责任，政府给予引导和支持。具体可参照现行工伤保险确定基本的保障标准，待遇申领和发放等委托商业保险公司运作，实现“无雇主”也能参保。

三、重视平台从业人员职业技能提升

平台就业大量集中在进入门槛低、劳动密集的生活服务业，很多是简单重复劳动，技能水平低。据调查，近 80% 的外卖骑手来自农村，超过 60% 的电商物流和快递从业人员为初高中学历，其中低技能无技能人员较多，70% 都有为未来职业发展而提升技能的需求。即便是有一定技能基础的从业人员，也希望掌握更多新业态领域的新技能。

建议以正在实施的职业技能提升行动和高职扩招为契机，积极推进对平台从业人员的教育培训。

一是支持平台企业组织培训。对有培训能力的平台企业，支持其开发培训课程，既强化对从业人员业务能力的培训，也注重综合素质、职业发展等方面的培训。

二是吸引更多平台从业青年读高职。据调研估算，有的网约车平台司机中35岁以下高中学历人员就接近100万人，超过一半希望学习深造或提升技能。建议通过创新招生方式、采用弹性教学模式等，创造条件让更多灵活就业人员读高职。

四、加大就业帮扶政策支持力度

现行的就业帮扶政策，大多要求“签订劳动合同并缴纳社保”，而平台企业基本上达不到这一标准，导致很多政策不能享受。建议采取灵活变通的方式，使平台企业和从业人员享受更多就业政策和服务。

一是增强就业服务的针对性。平台从业人员虽然实现了就业，但稳定性差、换岗率高，需要相关就业服务及时跟进。建议结合平台从业人员的特点，加强就业信息指导等服务，强化公共就业服务机构的现场服务。

二是适当放宽就业帮扶政策条件。对平台企业吸纳就业改进财政奖补、税费优惠等政策认定条件，适度弱化建立劳动关系等标准要求，更多以实际吸纳和带动就业效果来衡量。对平台从业人员，在培训、社保、创业类补贴等政策享受上，也应适当放宽条件，适应灵活就业特点加以调整和完善。

二、提高基本医疗服务水平

当前药品集中采购和使用试点面临的问题

——“4+7”药品采购和使用试点调查（上）

王汉章　王敏瑶　柳朴方　吴旭

2019年《政府工作报告》作出了完善药品集中采购和使用机制的决策部署，为稳步有序推动这项改革，近日，我们就国家在11个城市（包含4个直辖市和7个副省级城市）组织实施药品集中采购和使用试点情况进行调研（以下简称“4+7”试点），分别与6家制药企业（3家中标企业、3家非中标企业）和4家公立医院及1所基层医疗卫生机构的9名医务人员进行了座谈。总体印象是，大家对“4+7”试点普遍给予积极评价，认为改革促进了药价大幅下降，有效减轻了群众用药负担；但也感觉到作为一项“动奶酪”的改革，各个群体的利益诉求和政策理解不同，试点地区在实施过程中也存在落实不到位、设计不科学、测算不精细的地方。这些问题与医药领域长期存在的顽症痼疾交织在一起，增加了改革的难度，亟待加以研究解决。现将有关情况报告如下：

一、制药企业对改革的关切

制药企业是改革的第一环，更是关键的利益相关方。从座谈情况看，他们在表达坚决支持改革的同时，也反映了一些问题和诉求。

一是唯最低价中标的可持续性问题。在当前药价明显虚高的背景下，实行最低价中标“挤干”虚高药价水分，起到了立竿见影的效果，但不少企业对其可持续性存在疑虑。座谈中，一些企业反映报价几乎是贴着成本甚至亏本报价竞标。他们说：“我们首先要在竞争中活着、生存下来，至于能不能赚钱下一步再说。”江苏某制药企业中标的恩替卡韦分散片，从原价每片 8 元左右降到 0.62 元，一下成为全球药品采购的“网红”。其负责人表示：“我们竞标志在必得，亏了也要拿下，必须守住这一领域龙头地位。”这种竞标心态，纯粹就是为了抢占市场，不排除恶意竞标的动机。一家外国制药公司中国区代表说，他们之所以始终保持全球领先地位，关键是依靠创新投入，去年药品研发总投入超过 110 亿美元，为了支撑研发投入就需要确保一定的利润水平。

反观我国的制药企业，每年用在研发投入超过 10 亿元人民币的不超过 5 家。造成这种差距的原因很复杂，但如何在降低药价、规范竞争秩序的同时，保证企业有创新投入的利润空间和积极性，也应成为药品采购政策需要统筹考虑的问题。

二是关于“劣币驱逐良币”的可能性问题。为了保证药品安全和疗效，这次采购主要选择了通过仿制药一致性评价的品种。制药企业认为，通过一致性评价的企业大都是国产仿制药领域的

“佼佼者”，“4+7”试点首先让优质企业相互“厮杀”，大幅压缩价格；而对于绝大多数未开展一致性评价的品种，企业却“逍遥”在外、仍然延续过去的规则，甚至可以“带金”卖药、继续给医生回扣，这是不公平的。有的企业就反映：“同一类型药品中，纳入集采与未纳入的品种价格差异很大。如降脂药中纳入集采的阿托伐他汀钙片从45.43元/盒降至6.6元/盒，降幅达到83.3%；而其他未纳入集采的品种则维持高价开始，大显神通，抢占市场，近期销量逆势上扬。”还有企业指出，2016年国家为鼓励制药企业开展一致性评价，对率先通过的给予医保报销、优先采购等优惠政策，但还没有尝到“甜头”，就感到发展陷入困境，特别是对落选的企业，有很大的挫折感。有的企业就说，去年为一致性评价投入了1000多万元，降价后面临成本可能无法收回的困难。这在客观上给刚刚起步的仿制药一致性评价改革带来一定影响。

三是关于药品改革政策连续性、稳定性问题。制药产业发展受国家政策特别是价格、采购、医保、使用等方面影响很大。不少企业就抱怨：“药品政策这么频繁变动，在其他国家是少有的。”座谈中，3家中标企业对“4+7”试点文件提出的“于2019年年初开始执行集中采购结果、周期为1年”表示担忧，不清楚明年是否还要以同样的方式重新招标。有的企业说，今年是拼了血本中了标，为保障供应还必须加大投入、扩大生产，但如果来年重招，肯定会有企业报价更低，企业投入会不会又打“水漂”？

四是一些地方试点采取“一刀切”政策。据企业反映，一些试点城市为了确保使用约定数量的中标药品，要求所有医疗机构停止使用未中标药品，个别地方甚至要求零售药店也要停止销售未中标药品。还有的省份强制一些未中标或未参与招标的原研药、专利药按照中标药的降价幅度进行降价，违背了药品价格市场主导的原则，甚至可能会引发新的贸易纠纷。此外，“4+7”试点还出现了“价格洼地”的现象。近期一个短视频在网上热播，恩替卡韦分散片在上海的中标价为 17. 36 元 / 盒，而江苏东台的患者在使用医保卡后仍需支付 115 元 / 盒。试点地区与非试点地区价格差异很大，不少企业反映出现了“串货”的问题，即从试点城市买入低价中选药品、在非试点地区高价卖出，有互联网平台已将线上或线下串货，作为“4+7”试点下的“暴富指南”。

二、医疗机构和医务人员对改革的反映

从座谈看，试点城市的各级医疗机构已经开始采购并使用中标药品，基本打通了“4+7”试点的“最后一公里”，整体运行平稳，但也暴露了一些问题，需要进一步研究解决。

一是采购数量统计有误差。有的医院反映统计的采购量偏多，难以完成。如北京市对确定的采购数量是按照 2017 和 2018 年度药品使用量平均值的 60%—70% 并在此基础上增加 10% 测算，再分解下派到各个医疗机构。一些医院反映，随着分级诊疗制度的推进，大医院门诊量普遍下降 15% 左右，相应地中标药品采购量也应该在往年基础上下调，而按照现有的分配办法，有些医院完成既定任务有难度。而一些企业却认为部分试点城市采购量偏少，与中标预期有较大落差。比如，恩替卡韦分散片在西安和重庆全年上报采购量仅 25. 77 万片和 72. 74 万片，而据中标企业估算，这两个城市 2018 年采购量分别约为 500 万片和 910 万片，差距太大。

二是医务人员看病压力大。试点地区为了确保中标药品使用，

把完成既定采购量作为一项政治任务，层层分解摊派，最终都压在了医生的身上。正如部分企业所反映的，一些医院要求医生只能开具中标药品，未中标药等完成任务后再说，结果引发了一些患者的不满，特别是一些过去常吃原研药的群体，怀疑医生搞“猫腻”，引发了不必要的医患纠纷。甚至有医生认为，这种做法相当于“政府拿着医生的手去开药”，侵蚀了医生的自主用药权。有的医院为了监控用药进度，对医生每天开具的处方进行“统方”，这本是卫生行政部门明令禁止的行为。不少医生抱怨，现在看病既要花很多时间给患者做解释工作，每天还要盯着开药任务完成情况，不仅额外增加了医生工作负荷，还可能促使一些医生为了尽快完成任务，开大处方。

三是担忧中标药品质量有差异。通过一致性评价的仿制药，其质量和疗效与原研药品一致，临床上可以互相替代，但并不意味着与原研药“一模一样”。制药企业也认同这样的看法。这次25种中选的药品，不少品种有的医院过去从没用过，需要进行大量替换。比如，协和医院采购了23种中选药，其中需要替换的品种有16种，德胜社区医疗卫生机构采购的17种中选药，几乎都要替换。医生们说，换药后可能带来治疗效果差异，特别是长期服药的慢性病患者对特定药物具有一定的依赖性。比如，有的医疗机构反映，更换中选药品的19天时间里，已先后接到了十多例高血压患者的反馈，认为降压效果不佳。这其中哪些属于个体情况差异带来的影响，哪些与春季气温变化幅度大等外部因素有关，哪些确有质量因素，难以判断。再就是，医生们普遍担忧，给慢性病患者开药都是1个月的用量，大部分医院使用中标药还不到20天，一个月后患者反馈药品疗效有问题怎么办？这需要有关部门拿出预案，做到有备无患。

四是改革宣传不到位。北京市医疗机构普遍反映，有关部门不允许医疗机构对“4+7”试点进行公开宣传，还与医疗机构签订了保密协议书。有的医院抱怨，已经制定好了宣传材料，准备在院内向患者进行宣传解读，但上面不允许。医生们说：“前些年医院取消药品加成政策，进行了大张旗鼓的宣传，效果非常好。这次改革降药价是给老百姓做好事的，为什么不能理直气壮地宣传？让我们一对一给患者做解释工作，费时费力效果也不好。”

此外，一些医院还反映中标的品种中，一些特定规格药品出现了断供。他们说，由于同一通用名下大多中选 2—4 种规格包装，企业往往选择“大包装”的品种供货。如注射用培美曲塞二钠中选规格为 100mg/ 支、500mg/ 支两种，但 100mg/ 支规格往往不能及时供应。再比如富马酸替诺福韦二吡呋酯片，厂家选择供应 30 片包装的规格，10 片包装经常断货。这样做，一方面可以控制成本；另一方面还能够增加销售量。这个问题需要高度关注。

完善药品采购和使用的建议

——“4+7”药品采购和使用试点调查（下）

王汉章　王敏瑶　柳朴方　吴旭

“4+7”试点作为一项全新的制度设计，既要充分肯定起步之初就能够取得的明显成效，也要看到在试点过程中出现的新情况新问题。需要进一步总结经验、完善政策，处理好改革与发展、当前与长远、局部试点与全面推开的关系。

一要加强改革重点环节的精细评估。当前，各地对参与试点的呼声很高。但也要看到，一些在试点中暴露出的问题如果不尽快加以解决，试点扩大后产生的影响可能会更大。因此，必须加强对试点效果的精细评估，既要评估试点条件下的改革成效，又要着眼试点推开、评估相关政策的适用范围和适用条件，为科学决策提供依据。比如在采购环节，最低价中标对企业的生产经营可能产生哪些方面的影响？是否要引入其他因素进行综合评标？独家中标的方式在多大的市场范围内适用？在配送环节，如何统筹大中城市和县乡基层的药品配送、提高配送效率？医保预付款有的直接支付给药企，有的先支付给医院再转给药企。座谈中，制药企业强烈建议要把预付款直接支付给他们。在使用环节，如何调动医务人员和患者积极性？在监管环节，如何确保药品供应保障？如何监督中标药品质量？等等。现在，一些改革举措的推进过于依赖行政手段，短期看成效显著，但也存在可持续性的问题，要在评估中加以甄别。“4+7”试点涉及主体多，要在评估中全面考虑改革对各类主体的影响。比如对生产企业，要综合评价现中标企业药品供应的及时性、质量的稳定性等指标，全面分析研究集中采购政策对我国医药产业长远发展可能带来的影响。对医疗机构和医务人员，要评估医院收支结构、财务状况和医务人员用药行为的变化。对患者，要评估不同经济条件、医保类型、疾病轻重的患者满意度。另外，“4+7”城市的经济发展水平、市场发育程度、医疗资源配置等，具有一定的特殊性。试点推开后应根据不同地区的特点分类指导、精准施策。加强配套政策的落地和效果监测，避免形成医药改革“单兵突进”的局面。

二要切实防止形成药品市场的垄断。药品采购独家中标，是有效降低药价的关键措施，但也容易形成新的市场垄断。我国市场空间巨大，全国推开后不可能采取独家中标的方式。但具体如何操作，是划分片区，还是对不同类别的医疗机构分别“打包”？在每个区域内仍然采用独家中标，还是允许几家企业中标？都需要深入研究。英国在推进药品采购中，把全国分为五大片区，每个大片区设立一个采购机构，每 8 个月进行招标一次，每次只招用量的 1/3，同时规定一家企业如果连续在两个大区中标后，在第三个大区即使报的是最低价，也将被剔除出去。实施这些措施就是为了防止一些企业垄断整个市场。要借鉴国际做法，完善采购的评标机制，防止形成市场垄断，确保有序竞争。

三要有利于引导制药产业创新发展。一个国家制药产业的发展状况，与医疗卫生制度选择密切相关，也是政策引导推动的结果。比如美国的医疗卫生支出占国内生产总值的比重高达17%以上，一个重要原因就在于原研药产业发达、拉动了医药消费，也支撑了就业和经济增长。而印度仿制药产业发展，各方面的政策和资源都向仿制药倾斜，原研药产业就始终发展不起来，只能成为仿制药大国。从国际经验看，价格管理政策导向对制药产业发展起到了至关重要的作用。一般来说，凡是制药创新大国，对药品价格特别是原研药的价格管理都较为宽松，给予很大的鼓励和支持。美国、德国、瑞士、英国制药企业对新上市的药品，销售价格不限制，可以自由定价。日本医保部门按照药品创新水平高低，给予较同类药品不同的鼓励性加价，最高的可以加价70%—120%。罕见病用药和儿科用药使用量较少、利润空间小，为了防止断供，日本采取与创新药相同的政策，可以加价20%，调动了制药企业的积极性，这对我们解决短缺药断供问题很有借鉴意义。而像新西兰、意大利、希腊以及我国的香港、台湾等地区，尽管药品价格管理比较严格、药价较低，但也很难培育出跨国制药创新企业，事实上这些国家和地区基本上没有制药企业，完全依靠进口。我们是有近14亿人口大国，保障人民群众的健康，必须要发展自主品牌的制药企业。要采取“两条腿”走路的办法，一方面促进仿制药产业做大做强，落实好支持一致性评价的配套政策；另一方面结合自身优势，在一些重点领域开展原研药创新。值得指出的是，现在国内不少人认为欧美国家制药企业集中度高、制药企业少，果真如此？据了解，德国制药企业超过1000家，日本制药企业1400多家。与我国不同的是，这些国家的制药企业并非同质化竞争，而是在不同领域错位发展、成为“隐形冠军”。这方面的经验值得借鉴，促进企业差异化特色发展。

四要增强药品改革政策的可预期性。医药改革是一块难啃的“硬骨头”。新医改启动以来，我们在医药领域作了大量改革探索，积累了很多经验，但也确实存在政策频出的问题，容易让企业无所适从。比如从采购范围看，先是以城市为单位招标，后又以省为平台采购，现在又实施“4+7”试点。从采购方式看，先是“招价”不“采量”、允许公立医院“二次议价”，后又推行“招采合一、量价挂钩、双信封制”，不允许医院议价。从采购主体看，先是政府采，后又公立医院自行买，现在又实施国家组织采购。还有各地在执行同一政策中存在差异，比如重庆、广东、海南等地实行网上电子交易采购，等等。流通环节先是控制加价率，现在又实行“两票制”。医药领域的政策涉及面广、链条长，要真正产生效果，需要有充分的时间去适应政策调整。可以说，我们在十多年的时间里，把各种可能的政策组合都“试”了一遍，现在是到了可以有效取舍、形成完整制度安排的时候了。要在改革探索的基础上完善顶层设计，着眼长远制定中国特色的药品政策发展体系，引导制药产业健康发展。

五要积极探索完善药品采购和价格形成机制。探索完善药品集中采购机制和以市场为主导的药品价格形成机制，是“4+7”试点的一项重要任务。从国际上看，药品采购和价格形成机制往往内生于一个国家的基本医疗卫生制度，也与药品种类、市场结构等密不可分。比如以英国为代表的国家医疗服务体系，公立医院占主体地位，其药品采购一般都是政府组织实施，公立医院一般只负责使用。而以德国为代表的全民医保制度国家，其药品价格管理主要是制定医保支付价，药品采购一般由医疗机构负责，医保、医疗联动促进药品价格趋于合理，这样也调动了各方的积极性。比如，日本对全国 90% 以上药品实行目录管理，凡进入医保目录药品都要进行谈判议价（与我们去年组织实施的 17 种抗癌药议价类似），最终谈的价格作为向医院支付的标准，具体采购由医院负责，其中间的价差或折扣归医院留用，同时要求医院要把采购的价格报告医保部门，医保部门每两年根据医院采购的实际价格，再下调药品的医保支付价。当然，在同一个国家，不同种类药品的价格形成机制往往也存在差异。比如对于专利药，需要政府或保险机构运用买方“团购”的力量推动降价；而对于仿制较为成熟的品种，就可以通过市场竞争降价。现在，我国在医疗服务的供方仍以公立医院为主体，在需方则建立了全面医保体系，完全有条件结合两种制度优势，既可以发挥集中采购等形式的议价优势，又可以探索推进医保支付价改革，调动医院和医生参与的积极性，稳妥有序推动药品价格下降。

六要加强政策宣传引导。改革的顺利推进离不开良好的舆论氛围。“4+7”试点引发社会热议，其中也不乏一些“唱衰”改革的声音。这里面确实存在一些误解，需要及时有效解疑释惑，但也不乏别有用心者试图混淆视听，需要有理有据予以批驳。只有加强正面宣传引导，才能凝聚起推动改革的“最大公约数”。患者是参与改革的最大主体，患者的支持和理解是深化改革的动力所在。好政策既要执行好，又要宣讲好。向患者解读政策决不是医疗机构一家的事，更不能把责任都压在医生身上。要拓展宣传渠道、创新宣传方式，让患者在受益的同时，更加积极主动地参与改革、支持改革。

中医药事业发展为什么日趋“西化”“弱化”“边缘化”

——中医药事业传承创新发展调研（上）

王汉章　柳朴方　林秋朔

中医药是我国特有的医疗卫生资源，在维护人民健康方面发挥了重要作用。近些年来，受各方面因素的影响，呈现被“西化”“弱化”“边缘化”的趋势。近期，我们到江苏、陕西两省进行了专题调研，与中医药行政管理部门、中医医院有关负责人、中医药大学教师进行了交流讨论，同时走访多位民间中医大师。总的来看，影响当前中医药事业传承创新发展的问题，大致归纳为五个“不适应”。

一、中医药人才培养与中医药事业发展需要不适应

中医药人才培养是传承创新发展中医药事业的根本。从调研

看，中医院的负责同志及一些老中医，几乎不约而同地说，中医药教育出现一个可怕的现象，院校课程设置、教学方式“西医化”倾向明显，中医经典的教育大大弱化了。

一是中医药课程持续被压减。据了解，现在中医院校学习安排的课时大概是“三三制”，即中医、西医和公共理论课（主要是英语、计算机、思政课）各占三分之一，有的学校非中医课程超过70%，导致中医经典理论课时不断被压减，比如《内经》《伤寒论》《金匮要略》《温病学》等，由过去的百余学时压缩到几十个学时，一些中医院校包括老牌中医学院甚至将中医经典改为选修课，培养出的毕业生，中药药性不熟，方剂背不了几方，辨病不明，治病不清。

二是中医药教学安排影响中医思维培养。学中医首先要培养中医思维，这是从事中医执业的内在要求。现在，中医药院校将中医课程，与西医的解剖学、生理学、药理学等同步开设，“上午学中医，下午学西医”，来回“变频道”。再就是，中医专业生到医院实习或见习大都先去西医科室轮岗学习。一些专家说，这种教学和实训方式导致两种思维互搏，不利于中医学独特思维方式的培养与形成。

三是中医药院校专业设置西医化。由于近年来中医院校大规模扩张，而中医毕业生分配较难，收入也比较低，报考中医的学生逐年减少，一些院校就另辟途径，开设西医专业替代。还有的院校搞“创新”，开设所谓中西医结合专业，实际上就是半中半西。中医院的院长说，这种培养方式结局就是“西医战胜了中医”。目前，超过一半的中医学生毕业后不再从事中医工作，有的即使分配到中医院还是只会看西医。

四是中医、中药教学分割。现在中医院校教育走的是医、药分家的方式，专业设置相互隔离，造成中医学生知识结构偏废，“医不识药，药不懂医”。比如针灸专业只重视对针灸技能的培养，而忽视了对中药方剂的学习，毕业的学生只会扎针而不会开汤药。对中医来说，医、药犹如车之两轮、鸟之双翼，缺一不可，否则很难培养出名医大家。

*五是一些地方师承教育搞形式、走过场。*师承教育是培养中医药人才和推进中医药传承发展最为传统的方式，有的师承教育虽然拜了师，但师和徒一年也见不到几次面，最后签字盖章发证书，就出师了。一些名老中医反映：“现在拜师功利性太强，拜师的多是医院领导或科室主任，哪有时间学？师承就是挂个名，做表面文章，为今后评选名老中医‘镀一下金’。”

二、中医院服务体系建设与其应有的功能定位不适应

中医院是开展中医医疗服务和传承发展中医药事业的主阵地。客观地说，这些年国家在扶持中医药事业发展方面下了不少功夫、投入力度很大。目前，几乎所有的省、市、县都建有中医院，基层医疗卫生机构大都设有各类的中医“堂”“馆”“科”等。但社会的感受是中医院中医服务特色不明显，不少中医院挂着姓“中”的牌子，但其科室设置、诊断流程、就医格局与西医基本一致，开展的服务也大都以西医为主、中医为辅，越来越依赖西医检查结果，越来越多地采取输液、手术等治疗手段。这一点从中医院的收入结构上就可以看出来。比如，陕西省中医药大学附属医院 2018 年中医药类收入占比为 19.5%（中药饮片占 7.1%，中成药及院内制剂 3.6%，中医医疗服务占 8.8%）。江苏省中医院中医药业务收入占比为 32%，无锡市中

医院占比 20% 左右，昆山市中医院占比 15%。一些专家说，如果中医院中医服务的收入占比不超过 50% 还叫中医院吗？为什么会出现这样的局面？

一是中医医疗服务价格普遍偏低。不少中医院反映，灸法治疗平均一个病人需要 30 到 40 分钟，收费只有 15 元，刮痧每小时收费只有 16 元。再比如，治疗一些骨折疾病，采用中医手法复位，创伤小，恢复快，收费 140 元左右，而采取西医手术的方式，费用动辄上万。一些中医医院负责人说，如果只干中医的活，医院早就“饿死”了，这是被逼出来的！

二是中医医疗服务收费项目偏少。现行《全国医疗服务价格项目规范（2012 版）》规定的 9360 项服务项目中，中医只有 337 项，占比 3. 6%。许多反映中医药技术劳务价值的项目没有纳入收费范围。如江苏省中医院反映，中医传统的“甩肩”疗法、“桡骨头半脱位”手法、腱鞘囊肿手法、急性腰扭伤手法等中医治疗，临床实用性强、疗效好，由于缺乏收费依据，医院就无法开展相关医疗服务。

三、医保付费保障机制与中医药服务方式不适应

过去公立医院运转主要靠财政直接投入给予保障，中医院和西医院各方面差距并不大，而现在实行全民基本医保制度，公立医院的运行费用逐渐由政府财政直接投入转到医保付费进行保障。医保制度起源于西方，其付费标准和方式主要基于西医的医学理论进行设计，总体适应西医的医疗服务模式，但对中医来说就有“水土不服”问题。

西医诊疗疾病讲究程序和流程，先看门诊，再化验检查，然

后住院治疗，医保依此制定了按项目付费机制。而中医强调整体观，没有这些讲究。医保支付改革开始实施按病种付费，这是基于西医的“临床诊疗路径”进行设计的，而中医强调辨证论治、因人施治，所谓“一人一方、千人千方”，同一疾病常常会有不同的路径和治疗方案。比如，医保推行的按疾病诊断相关分组（DRGs）有1000多种，与中医诊疗“配对”时，就难以适应，如果硬是“拉郎配”，对中医影响更大。还有就是西医治疗疾病主要辨“病”，中医则讲究辨“症”，而医保报销疾病的名称基本采用西医的病名，中医往往就无法“对号入座”，比如中医的“胃寒病症”，在西医就对应着胃炎、胆囊炎等多种疾病。

在中药付费方面也有不完善的地方，西药的生产加工是在制药企业内完成的，这些成本都体现在药品的价格上纳入医保报销，而中药不少需要现场炮制，如中药饮片大多都在医院内进行煎熬，也有技术含量和劳动成本，但这些费用医保往往就不认账了。

四、中医药的考核评价制度与中医药事业发展不适应

调研中大家普遍反映，当前对中医药相关考核评价不少是套用或参照西医标准或办法。有的专家说，对疾病诊治西医强调标准化、可重复性，而中医医学体系即便对同一种病症，也会因人因时而异，照搬西医的评价标准是很难行得通的。具体地说：

一是中医院的等级认定方面，往往把医院规模、床位数、科室数、做手术水平等作为主要考核指标。江苏省中医院的一些同志说，现在对中医院的等级评定，中医药的特色内容有所增加，但远远不够，西医的指标和因素还是多。

二是中医人才评价方面，仍然是以发表文章、研究成果论英雄。

南京中医药大学临床医学院负责人反映，现在岗位评聘、职称晋升，都是根据课题、论文、著作、获奖的总得分确定。有的医生说，中医是中国的，发不了SCI文章。有的医生说，现在中医医师晋升职称考试，虽然有所改变，但西医的题目超过80%以上，不考中医经典和辨证论治，却对英语要求很高。扬州大学医学院反映，现在对学位点的评估、研究生质量评价，一系列指标都看有多少成果，发了多少文章。这种评价导向使得一些中医师“考得了证、辨不了症，发得了论文、开不出药方”。

三是中医医疗事故责任认定方面，也是套用西医。现行的《医疗事故处理条例》《医疗纠纷预防和处理条例》没有对中医医疗事故作出专门规定。江苏省中医院反映，好的中医治疗往往靠经验，检查少，还能节约费用，但这样做不能留痕，一旦出现治疗偏差，就被认定为医疗事故。为防止这类事情的发生，中医医生只能按照西医的诊断流程操作，来个患者就开单检查，每项都要做一遍，治疗方式西医化，符合流程规范了，医生就没有责任了。再就是对中药材质量控制和评审也是套用或者是参照西医的方式。比如，检验中药是否有效以成分为依据，而中药往往是多个草药的综合作用，有违中医传统。

五、中药的质量安全与中医医疗服务发展不适应

中药是中医的根本，如果中药质量出了问题，治不好病，就会让老百姓对传统医学产生质疑，这个影响是致命性的。扬州市一位名中医说，源头管不好，中医再神奇，也无能为力，他给患者看病，诊断方法对，经典名方对，病人就是不好，“古方治不了今病”，后来发现药材质量出了问题。

一是道地药材异地种植无序。中药材历来追求“道地”，异地种植必须三代药材的疗效和原产地药材一致方可上市。现在一些地方只顾经济效益，中药材种植“随心所欲”，南药北移、西药东种，大面积、低水平的药材基地遍地开花，中药材品质严重退化。

二是追求产量和效益。中药材盲目种植，大量施用化肥、农药，导致产量上去了，但有效成分含量却大大降低。

三是“抢青”现象比较普遍。对中药材提前采收，导致成熟度不够，有效成分含量不达标。如黄芪一般成熟期最少5年，有的地方3年就采摘，成分沉淀时间不足，影响了中药质量。“拔苗助长”不仅疗效较低，还对群众健康带来危害。比如，连翘性寒，过早采摘会伤脾胃。一些医生说，有的幼儿喝双黄连口服液出现胃部不适，很可能与早采有关。

四是中药材流通监管难度大。多家中医院反映，中药材作为农副产品管理，“小散乱”局面难以扭转，农贸市场式的收购方式难以保证质量，有的药农药商掺杂使假，硫磺熏制，好坏混售。

五是“优质优价”导向未形成。大宗中药材采购唯最低价中标，道地药材优质难优价，大批品质低劣的中药材冲击市场，“劣币驱逐良币”，以致部分道地中药材流向海外。陕西中医药大学附属医院反映，现在中国的药材，一流高价卖给了日韩，二流做成了饮片，三流才加工成中成药。难怪一些专家戏谑现在市场上销售的中成药为“三无”（无毒无害无疗效）产品，而日本、韩国生产的“汉方药”却备受国内消费者追捧。

推进中医药传承和创新的思考和建议

——中医药事业传承创新发展调研（下）

王汉章　柳朴方　林秋朔

如何发展中医药事业，不仅社会各方面争论激烈，就在中医药系统内看法也不一致。我们认为，传承发展好中医药事业，关键要遵循中医药的发展规律、尊重中医药的独特“气质”，对现有的政策体系进行变革重构、动“大手术”，而不是修修补补。只有这样，才能实现中医药发展凤凰涅槃、浴火重生。

一、建立适应中医药事业发展的政策体系

新中国成立以来，我们坚持中西医并重的总方针，这个方向是对的，但在实施过程中，往往是“西主中随”。地方同志说，现在中药振兴发展面临的一个重要问题就是认识上“西医化”、管理上“西医化”，进而导致政策上的“西医化”。实事求是地看，我们目前制定出台的一系列卫生健康事业改革发展的政策文件，

主导思想和核心内容大都以西医为主，中医药单独出台的文件很少，多数在印发的西医文件中打个“补丁”，有些在一些政策后面用括号说明包含中医药，亦步亦趋地跟着西医走。政策上的不对等，怎么扶持中医药事业发展？中医药与西医是从不同的文化体系中发展起来的，是各自独立的医学科学，思维方式、理论体系、研究方法等多个方面都有着很大的不同。传承创新中医药事业发展，必须立足于中医的理论和传统，建立适应中医药事业发展的政策体系，使这一古老医学焕发新的青春。

二、深化中医药人才培养制度改革

现在，社会上对采取师承教育还是院校教育培养中医药人才，看法不一。我们认为，这不是问题的根本，主要“病根”是当前中医药教育把老祖宗传下来的经典和传统给丢了。一些中医大师说，经典是中医的基础和核心，从张仲景开始到清代，一千多年的历史，凡是在中医这个领域有所成就的中医大家，无不都是从经典中走出来的。中医大家孙思邈说：“不识《易》《周易》不足以为大医。”苏州老中医说，新中国成立之初的院校教育非常注重中医经典理论和临床实践教学。比如，1956 年至 1961 年，苏州中医学徒班，把中医《内经》《伤寒论》《金匮要略》《温病学》《本草》等作为学习重点，课程占比超过 80%。而且苏州中医学徒班非常注重临床教学实践，除了每周二、四、六下午集体上课学习中医经典理论外，其余时间都随师在医院里看病抄方。总共四期学徒班学员 347 人，有 30 多人成为名医大师。由此看，不管是传统的师承教育，还是当代的院校教育，只要遵循中医规律、传承中医精髓，都可以培养出名师大家。要推动院校教育中医药课程改革，回归中医教育的本源，加强中医经典理论的学习，特别是要注重中医诊治思维培养，拿出更多的时间开展中医临床实训。

三、科学规划和设计中医药服务体系

过去中医医疗机构以私立为主，多数是小型诊所，兴建大的医院是新中国成立后，其设计理念和标准没有经验可循，主要移植复制了现代西医院建设的做法，看病就医流程布局也是参照西医院。一些中医专家说，新一轮医改对中医院建设的财政投入，表面上是支持了中医院，实际上盖了西医大楼、买了西医设备、开展了西医服务，投入的钱相当一部分最终流向了西医、支持了西医发展。2017 年开始，国家实施中医药传承创新工程，总投入 100 亿元，但从各地实施情况看，大都又花在了盖大楼和买设备上。传统的中医是“大门诊、小病房”，而且是门诊、治疗、拿药一体化服务。苏州一些中医专家说，按照现在医院建设标准，许多中医特色如马氏喉科、葛氏伤科、费氏眼科、顾氏耳科、尤氏针灸、唐氏外科，等等，过去都是吴门医派的精华，现在很难融入到中医医疗服务体系建设中，不少开始凋零或消失。中医院设计一定要坚持中医特色，强化中医的专病专科建设，适应中医流派和专长，把流落在“江湖”的绝活绝技请到“庙堂”中来。总之，如何建好中医院是篇大文章，事关中医药事业发展，要解放思想，组织中医专家进行认真研究，切实让中医院姓“中”。

四、研究建立符合中医药特点的中医医保支付标准和政策措施

现在医保用药目录、服务项目以及报销的政策体系都是基于

西医的服务模式设立的，这种政策设计既抑制了中医药的创新发展，又诱使中医院大量开设西医服务项目。比如，许多民间中医流派的诊疗技术都没有纳入医保报销范围，导致中医临床科目不断减少。苏州中医专家说，原来吴门有中医十三科，现在只剩下了内科、伤骨科、妇科和针灸科，其余的中医儿科、眼科、五官科、喉科渐趋凋零。陕西中医专家说，中医门诊针灸治疗面瘫非常有效，医保也没有这个报销项目。建议对现有的医保制度进行改革，根据中医服务特点，单独设立中医用药目录、服务项目和报销政策，真正做到“中西医并重”，为中医药事业发展提供有力支撑。

五、健全中医药发展的评价标准

中医药具有与西医不同的特点和发展规律，其评价标准应充分反映中医药特色，而不是完全套用西医标准。对中医医院的评定应突出中医为主的办院方向，在医院评定和绩效考核指标设计中进一步增加反映中医特色的内容。改进中医药人才评价标准和方法，建立科学有效、体现行业特点的中医药人才评价机制，通过职称改革引导中医药临床人员更好地发挥中医药特色优势。

六、健全中药质量管理机制

中药是传承创新中医药事业的关键。一些专家说，如果不把中药质量给管好，老祖宗传下来的东西早晚会给毁了。这绝非危言耸听。中药与西药质量安全监管有着很大不同，西药监管的源头在企业、在车间，而中药主要在“山头”、在“田间”，监管的范围更广、难度更大。建议专门建立由农业农村、药监和中医药等部门组成的中药材种植指导和监督机制，对中药材单独进行监督管理，下大力气整治中药材的种植问题。要制定实施中药材种植养殖标准，开展中药材质量标准认证，建立环境稳定可控的中药材种植基地。中药材决不能等同于一般农副产品管理，决不能为了经济效益而降低种植标准。要建立中药材生产可追溯制度，从种子种苗、种植养殖、流通加工，到患者使用的全链条质量追溯体系，让每一个环节处于来源可溯、去向可查的状态，做到“一药一码”。要建立道地药材“优质优价”体系。在符合国家药典标准的基础上，根据药材的道地性、生长年份、干净程度、炮制工艺等方面进行评判，建立中药材、中药饮片等级标准，根据不同等级确定不同的终端价格，确保中药材和中药饮片的优质优价。

调研中，一些中医专家反映，我国60%以上的中成药是由西医的医生开出的，不少西医医生根本没有学过中药知识，实际上并不了解中药的四气五味、配伍和禁忌，都是按照说明书开药，多开和错开非常普遍，不仅影响群众身体健康，也造成了很大浪费。要加强中成药使用管理，开展对西医医生考核培训，严格和规范中成药的使用。

中药新药审评难度很大，而院内制剂只需在省级药品监管部门备案，不需要取得批准文号。有些院内制剂临床效果确实较好，与同类药品相比又价廉物美，深受患者欢迎。但也存在过多过滥、良莠不齐、鱼目混杂的现象，存在很大质量安全隐患，特别是院内制剂可以有加成政策，成为了一些医院追求利润的“增长点”。我们调研的每个中医院使用院内制剂种类都非常多，江苏省中医院院内制剂200多种，南京市中医院肛肠科就有120多种，西安市中医院140多种，就连一些县区中医院都有几十种，保守估计全国中医院院内制剂达30万—40万种。要加强对院内制剂的规范管理，开展全国性的清理整顿，引导其健康有序发展。

加大改革创新力度
推动基层公共卫生服务能力加快提升

王敏瑶　陈小丽

开展公共卫生服务是基层医疗卫生机构的一项重要任务。新医改以来，这方面职能不断加强，有力推动了预防为主、防治结合在基层的落实。近日，我们对基层开展公共卫生服务情况作了调研，总体感觉经过多年努力，服务数量和质量都有了显著提升，为群众健康水平的不断改善作出了重要贡献。但与此同时，基层承担的公共卫生项目较多、统筹衔接不够，不仅让基层不堪重负，而且影响了实施效果。应以大卫生、大健康观念为统领，深入推进公共卫生服务改革创新、加强基层能力建设，全方位全周期维护群众健康。

一、基层公共卫生服务存在的主要问题

目前，基层医疗卫生机构承担的公共卫生服务主要有以下几

类：一是原12类国家基本公共卫生服务项目，二是部分新划入的原重大公共卫生和计划生育项目，三是教育、妇联、残联等部门针对特定人群下达的公共卫生服务专项，四是各地因地制宜增加的服务项目。调研发现，基层公共卫生服务主要有以下问题：

一是重数量轻质量。新医改以来，从国家到地方都逐年增加公共卫生服务项目，加之一些因科研或管理需要而下达的任务，很难说清基层到底承担了多少公共卫生服务。如东部某地基层医疗卫生机构承担的公共卫生服务项目就已超过30项。然而基层的人力财力增长速度却远远滞后于任务量。医务人员疲于应付，把更多精力放在容易完成的、有刚性要求的项目上，具体到每个项目又先确保数量“达标”，后续的随访和管理则缺乏相应的人力物力保障，存在大量“应管未管”群体。表面上看公共卫生服务内容和覆盖人群不断扩大，但实施效果并不理想。一位基层卫生行政部门的同志说，她的女儿每半年在幼儿园接受一次社区卫生服务中心提供的免费牙齿涂氟，但近期仍然补了7颗龋齿，其中没有一颗是社区医生发现的。这也从一个侧面反映了社区医生只求完成“规定动作”，并不注重服务质量。

二是服务重复低效。特别是儿童、老年人、孕产妇、部分慢性病患者等公共卫生服务的重点群体，往往需要接受几类服务。比如，很多老年人也是“三高”群体，同时接受老年人、高血压患者、糖尿病患者健康管理服务。这些服务的关联度很高，但在很多地方却往往分别组织、分开提供，包含了不少重复工作。又如，很多省份卫生健康部门组织了妇女“两癌”（宫颈癌和乳腺癌）筛查，同时妇联又开展了女性生殖健康体检和女职工体检，部分育龄女性每年要做两次宫颈刮片，相隔时间往往不长，容易对女性身体造成伤害。

三是筛查结果和健康档案缺乏有效应用。筛查结果的有效应用往往存在“梗阻”。比如血压高是很多慢性病的重要诱因，然而居民在健康体检中发现血压异常后，并没有相应纳入慢病管理重点人群中；相关慢病筛查时仍然采用“大水漫灌”式的办法，显著抬高了综合成本。同时，慢病管理情况也未能及时上传医院，医院治疗情况也没有反馈给社区，导致预防、治疗和康复相互割裂。

四是群众获得感有待提高。一些群众反映，公共卫生服务“没什么用”“总是来回折腾”，接受服务的意愿不高。免费健康体检本应是便民惠民举措，但套餐中只包含最基本的项目，疾病检出率低；开展专病筛查时，又需要群众反复体检，导致群众不堪其扰。为了完成任务，个别地方甚至要通过派发小礼品的方式，吸引群众参与。

二、产生上述问题的主要原因

虽然公共卫生服务供给方面出现的很多问题暴露在基层，但问题的根源却不只在基层，反映了我国公共卫生发展理念、管理体制、服务模式、激励机制等方面存在的问题。

一是公共卫生服务理念不适应。过去，公共卫生工作主要是应对传染性疾病，工作思路也是以疾病防控为中心的，围绕不同疾病提供预防和干预服务。现在，公共卫生工作的内涵不断拓展，不仅包含了大量慢性非传染性疾病的防控，更要求全方位全周期维护和促进健康。然而工作思路并没有相应转变，仍然针对一种疾病就要下达一项任务、开展一波组织动员，没有把人的健康作为整体对待，也忽视了各类健康影响因素之间的相互作用。另外，调研中也有同志反映，传统上公共卫生主要评价群体的疾病防控成效，对个体健康关注度不够，这也导致项目开展中不够注重群众获得感和满意度。

二是管理体制多头分散。在卫生健康行政部门内部，不同疾病的防控工作分散在多个条线，基层、妇幼、疾控等都承担了一定的公共卫生职责；此外，教育、妇联、残联等部门也部署了公共卫生服务项目。对基层而言，不仅面临着“上面千根线、底下一根针”的压力，而且不同部门的工作要求、绩效考核等都不一样，即便任务有所重复，基层也只能按照各自要求分别组织开展服务。

三是信息系统不连通。相关部门在下达公共卫生服务任务时，也会同步开发相应的信息系统。由于部门之间、服务项目之间缺乏统筹衔接，久而久之导致信息系统“烟囱”林立，数据不能互通共享，后续缺乏应用。以东部某市为例，针对老年糖尿病患者的体检信息存于区级平台老年人体检系统中，糖尿病并发症筛查结果存于一所市级公立医院开发的筛查系统中，糖尿病视网膜病变筛查结果存于市眼病防治中心开发的系统中，而日常随访管理信息又存于市疾控中心的健康管理系统中，导致同一服务对象的相关信息无法整合利用。另外，现在各个单位组织的健康体检主要由二级以上医疗机构承担，这些体检信息也没有与基层共享，不利于基层更好开展健康管理。

四是经费保障机制有待完善。以基本公共卫生服务为例，目前由中央和地方财政共同承担责任。中央制定人均经费国家基础标准，但地方普遍反映难以满足项目需求。加之这几年对覆盖人群、实施内容的要求越来越高，经费不足的矛盾日益凸显。比如，儿童健康管理是基本公共卫生服务项目，今年要求在开展过程中，加强儿童眼保健、视力检查、肥胖筛查、肥胖防控等工作，但人手和经费都没有增加，基层戏称为“加量不加价”，必然难以保证项目质量。另外，一些地方的经费保障不到位，如将财政配套部分用于冲抵对基层医疗卫生机构的财政补助，而非专项用于支持开展公共卫生服务，进一步加剧了经费紧张。

五是医务人员激励机制不健全。调研中很多基层公共卫生人员反映，目前“重医疗轻公卫”的导向还没有彻底扭转，这本身就是对积极性的打击。虽然目前各地对基层医疗卫生机构的医务人员采取了不同的分配机制，但公共卫生人员的收入普遍低于从事医疗服务的人员。比如，某省社区卫生机构采取收支两条线管理，对公共卫生人员在工资总额内实行绩效分配，其实是“大锅饭”；而家庭医生有签约服务费，收入更高。又如，某省基层医疗卫生机构可以将收支结余的60%用于绩效分配，但公共卫生服务结余率较低，相应的分配也较少。收入上不去，基层公共卫生服务吸引不了人，也留不住人，很多地方的基层医疗卫生机构都是将工作态度和业务能力较差的人员分配从事公共卫生服务，形成恶性循环。

三、几点建议

基层是公共卫生服务体系的网底和基石。做好基层公共卫生工作，是充分发挥基层的健康“守门人”作用的必然要求，也有利于节约医保资金，同时对公共卫生体系改革完善具有牵引作用。建议统筹兼顾、综合施策，创新服务理念，优化服务内容，完善配套支撑，全面提升基层公共卫生服务质量和效率。

一是转变基层公共卫生服务理念。全国卫生与健康大会提出，卫生健康工作要以治病为中心转变为以人民健康为中心，这首先应当体现在基层公共卫生服务方面，从传统的防控单个疾病，转变为对个体健康的全方位全周期管理。从某种意义上讲，基层公共卫生服务也应当借鉴“放管服”改革的有益经验，特别是“一门办理”“一站式服务”“最多跑一次”等理念，促进项目整合、流程优化和技术融合，不仅改善服务供给效率，也有效减轻基层医务人员和群众负担。与此同时，衡量一个地区的公共卫生服务水平，既应看服务项目的数量范围，更应看服务的质量效果；不仅看宏观的人群健康核心指标，也注重评价服务对象的个体满意度，以更加科学全面的评价机制引领公共卫生服务改革创新。

二是推动基层公共卫生服务项目整合优化。短期来看，在保持现有服务内容和资金大体稳定的前提下，促进项目整合既有利于改善服务质量，又可以提升资金使用效率。目前的服务项目基本覆盖了生命周期的不同阶段，这也为项目整合提供了有利条件。特别是居民健康档案管理已具备了一定工作基础，可以探索以此为主线，将其他相关项目加载进去。实践中，有的地方已探索将老年人体检与脑卒中、糖尿病、糖尿病并发症筛查进行有机整合，老年人在一年一度的健康体检中，可以同时享受多项筛查体检服务。还有的地方探索慢性病一体化管理，首批对高血压、糖尿病、慢阻肺、脑卒中、慢性肾病等5个病种实行综合管理。长远来看，服务项目的增加并非越多越好，而应注重与服务能力的提升适应匹配。建议推动服务项目的动态调整，对于并非当下急需或实践中性价比不高的项目，压缩任务要求和实施范围；对新增需要重点解决的健康问题，纳入服务范围，相应配套增加资金和人员投入。同时加大宣传力度，让群众知晓在生命周期的不同阶段可以享受哪些服务，增强群众的依从性。

三是赋予地方经费使用和人员激励等方面的更多自主权。基层医疗卫生机构改革始终是新医改的一项重要内容，在过去十年间已作了大量积极探索。现在看来，围绕基层医疗服务的提供方式、人员激励等改革举措较多，公共卫生服务领域的探索不足，下一步应鼓励地方因地制宜开展对公共卫生服务领域的相关改革，国家层面注重总结经验、加以推广。比如在经费使用方面，不同地区的地理条件、人口结构等存在差异，开展公共卫生服务所需的人力物力财力也不一样，可以探索赋予地方更大的经费自主调配权。又如在人员激励方面，一些地方统筹配置公共卫生和医疗服务人员，引导社区医生参与公共卫生服务，将公共卫生人员纳入家庭医生服务团队，在促进医防结合的同时，解决公共卫生人员的绩效激励问题，这种做法值得关注和研究。

四是促进公共卫生信息系统整合。以区域信息高质量互联互通为目标，实行从服务到管理、从应用到归集的一体化设计，整合所有“烟囱式”“孤岛式”信息系统，真正让数据“动起来”“活起来”，方便基层医务人员应用、方便居民自我管理、方便相关行政部门和专业机构管理。配合公共卫生服务项目整合，优化居民电子健康档案，加快促进其他各类健康信息与健康档案数据的对接，同时推动健康数据在基层医疗卫生机构与医院之间的共建共享。一些地方探索实行政务服务“一网通办”，方便群众网上办事，相关经验也可以为公共卫生领域的信息系统建设提供借鉴。

三、应对人口老龄化与养老服务业发展的思考和国际经验借鉴

中国政策专家库部分专家关于积极应对人口老龄化的九条建议

高振宇

近日，国务院研究室原主任、中国政策专家库专家委员会主任魏礼群同志邀请中国政策专家库部分专家，围绕积极应对人口老龄化、加快老龄事业和产业发展进行座谈研讨。

与会专家一致认为，我国正在经历全球规模最大、速度最快、持续时间最长的人口老龄化进程。这将对我国经济社会发展各方面产生极为深刻而长远的影响，既会带来不少严峻挑战，也蕴藏着巨大发展机遇。大家建议，有关各方要按照党中央、国务院决策部署，切实提高思想认识，持续深化改革创新，以更加积极的态度和行动应对人口老龄化进程，努力实现经济社会持续健康发展与老年人福祉改善的双赢局面。专家们重点提出了以下九条建议。

一、将积极应对人口老龄化放在更加重要的战略地位，加快系统谋划有关制度创新和政策体系

专家们表示，我国早在2000年前后就已经进入老龄化社会，目前60岁以上人口已经接近2.5亿、占总人口17.9%，而且这一规模还在快速扩大，预计2050年将接近4.8亿、占总人口1/3左右，并在之后相当长时期保持在这样一个高水平。这将导致劳动力供给减少、社会负担加重、国民储蓄率下降、公共服务压力加大、人口代际关系趋紧等。应对人口老龄化既是一个全局性问题，涉及经济社会发展方方面面，也是一个长期过程。大家一致建议，要把积极应对人口老龄化、加快老龄事业和产业发展作为国家重大战略，列为“十四五”规划的一个重要内容，并加快制定相应专项规划和中长期规划，深入研究人口老龄化的趋势、特点、规律，系统谋划有关制度创新和支持政策体系，积极有效应对人口老龄化带来的挑战和真正用好其中蕴藏的巨大机遇。

二、加快健全养老保障体系，确保养老金合理增长并按时足额发放

专家们反映，近年来，一些省份出现社保基金当期收不抵支甚至结余“穿底”问题，需要引起高度重视。退休金是广大群众的“保命钱”，必须确保按时足额发放。专家们建议：一是切实强化地方政府责任，通过适当增加财政投入、减持国有企业股份、变现一些国有资产等办法，加大补充养老保障资金的力度。二是提高基本养老保险统筹层次，加快推进养老保险省级统筹，稳步

提高企业职工基本养老保险基金中央调剂比例，尽快实现养老保险全国统筹。三是稳步提高城镇职工和城乡居民基本养老保险参保率，力争在“十四五”期间实现百分之百参保。同时，通过税收优惠等政策鼓励发展企业年金、个人商业保险等，加快健全养老保障“三支柱”体系。有专家表示，长期护理保险能够在保障居民养老中发挥积极作用，德国等发达国家在这方面有不少好做法。我们可以借鉴他们的经验，加快探索建立符合实际的长期护理商业保险模式。还有专家提出，我国农民工规模大、流动性强、参保率低，应积极探索适合农民工特点的养老保险办法。比如，农民工养老保险缴费连续性应相对灵活，允许其根据具体情况决定缴费接续，可设计分段计保，避免形成“断保”现象；加快完善农民工养老保险跨省转移机制，便于他们跨地区转移养老保险关系；积极完善农民工养老保险城乡衔接机制等。

三、加大支持力度，帮助解决农村养老难题

多位专家指出，随着大量农村青壮年劳动力进入城镇，农村地区的人口老龄化形势比城市更为严峻，留守老人问题比较突出，不少农村老人面临衣食大病无着落等养老困境。有专家建议，着力完善现行以个人缴纳为主的农村社会养老保险制度，政府适当加大财政支持力度，在农村基本养老保障中多承担些责任。探索“土地养老”模式，以退回承包地换取年金，更好发挥土地在农村养老中的保障作用。结合农村实际，充分发挥基层党组织、村民委员会等作用，鼓励发展农村养老大院等互助养老模式。还有专家表示，新型农村合作医疗保险在农村养老中发挥着非常重要的作用，要进一步加快城乡居民医保制度整合工作，稳步提高大病保险政

策范围内报销比例，更好发挥对农村老年人口的医疗保障功能。

四、聚焦解决重点问题，大力发展居家和社区养老服务

专家们认为，居家养老和社区养老符合我国国情和养老习惯，要切实贴近老年人的迫切需求，从解决他们关心的重点问题、突出难题着手，把工作做实做细，促进居家养老和社区养老结合起来，以财政等方面的“小投入”换取老年人满意的“大回报”。一是解决吃饭问题。很多老年人都为天天吃什么、怎么做、做多少发愁。可以考虑结合社区实际，支持开办老年餐厅，提供适合老年人特点的餐饮服务。二是解决看病问题。盘活社区闲置空房，支持一些大医院到社区开办诊所，就近为老年人提供医疗服务，切实加强老年疾病预防和救助，既能及时解决日常简单病患问题，也能在老年人遭遇突发严重疾病时帮助联系急救服务或者转院。还可以根据需要，发展流动医疗服务或远程医疗服务。三是解决活动问题。根据老年人需要和社区条件，提供一定的活动场所。四是解决日常维修问题。在物业服务基础上，增加一些日常维修服务，帮助老年人解决生活中遇到的维修困难。五是解决设施适老化改造问题。比如，鼓励和支持在老旧楼房加装电梯、在城市道路和公共场所出入口加设无障碍坡道和扶手等，为老年人提供更加便利的生活和行动条件。多位专家表示，现在信息化、智能化发展很快，但不少老年人对新产业、新业态、新模式还不太适应。在一些传统行业改造升级过程中，也要考虑老年人的特点和适应能力，帮助他们顺畅便利享受相关服务。

五、积极支持养老产业发展，更好满足老年产品和服务需求

专家们一致认为，我国人口老龄化过程中蕴藏着极为巨大的需求潜力，能够为经济社会发展提供强劲动力支撑，并创造大量工作岗位。要以满足老年人基本生活需求、卫生保健需求、休闲娱乐需求、终身学习需求等为重点，大力推进养老产业供给侧结构性改革，加快发展老年专用设备、医疗保健、家政服务、老年教育和职业培训等“银发产业”。有专家建议，要重点发挥好税收政策在支持养老产业发展中的重要作用。一是对老年人用品实施增值税优惠政策。老年人购买的商品和服务一般是最终消费，对这些给予增值税减免等优惠，能使有关企业和老年人直接受益，也不会影响增值税抵扣链条的完整性。二是对有关企业实施所得税优惠政策。对专门服务老年人的社会慈善组织、基金会、民办非企业单位等给予所得税减免优惠；适度提高税前抵扣比例，鼓励企业捐赠支持老年事业发展。三是对老年公寓等免收房地产税。还有专家建议，要用好财政补贴工具，重点加大对消费端而非生产端的补贴，通过老年消费者自主选择，更加有效地把财政支持传导到老龄事业和老龄产业的发展中去。

六、加强养老技能人员培养，弥补养老服务人员缺口

专家们都表示，养老专业技能人员缺乏是制约当前养老服务发展的一个突出短板。根据有关研究资料，目前我国失能、半失能老人约有 4000 多万，如按国际标准推算至少需要 1300 多万护理人员，而各类养老服务机构服务人员不足 50 万，养老服务人员

供需缺口巨大。同时，培养护理人员的学校不多，全国开办养老专业的高职院校也就100多所，中职中专更少，而且培养出来的毕业生中真正从事护理工作的比例也很低。大家建议，加大对养老技能人员培养的支持力度，在一些大学增设养老技能培养专业，以市场需求为导向优化职业技术学校专业设置。加大对在岗养老服务工作人员的培训力度，帮助他们熟练掌握必要的急救、护理等技能。采取有力举措提高养老服务人员的社会地位和职业认同，吸引更多人加入到为老服务中来。

七、实行相对灵活的退休年龄限制，更好发挥老年人作用

专家们一致认为，随着生活水平不断提高和人均寿命大幅延长，很多60岁人的身体状况仍然比较好，是非常宝贵的社会财富。现行退休年龄规定刚性太强，按照几十年前确定的年龄标准“一刀切”地要求60岁退休，既会导致这些宝贵资源过早闲置，也会加大社会抚养负担。大家建议：一是研究推出可选择的平滑延迟退休举措。允许一些身体健康、社会和企业需要的高技能人才和稀缺人才适当推迟退休，缓解有关领域人才短缺压力。分步提高退休年龄，每年延长几个月，逐步将退休年龄提高到65岁。在过渡时期内，允许自主选择是否参与延迟退休。二是帮助有意愿、有能力的老年人把更好发挥作用和健康养老结合起来。比如，通过创办老年工作室、专家智库等，帮助一些退休科技人员、专家学者、教师医生等灵活参与相关工作，实现老有所为，既身心愉悦，也适当增加收入，为将来养老积累资金。

八、继续完善人口政策，促进人口结构优化

专家们认为，现在我国人口老龄化与少子化并存的状况值得关注。据一些研究机构测算，目前我国总和生育率只有 1 左右，显著低于世界平均水平，十分不利于人口结构稳定和优化。近年实行全面二孩政策以来，很多育龄夫妇生育意愿不强，新生婴儿数量显著低于预期。专家们表示，只有增加生育数量才能从根本上缓解老龄化社会发展势头。要加大税收优惠和财政补贴等支持，适当延长产假和育儿假期，鼓励具备条件的家庭生育二孩。要消除就业性别歧视，为广大女性特别是育龄妇女解决就业方面的后顾之忧。要规范发展婴幼儿保育服务，多渠道扩大学前教育供给，帮助解决二孩无人看护的普遍性难题。还有专家反映，由于较长时间实行控制人口政策，我国独生子女家庭数量大幅增加，其中一些独生子女家庭老人在生活中遇到了不少困难。建议有关方面抓紧研究独生子女老人有关政策，帮助他们提高生活质量。一些独生子女在照顾老人方面也面临着较大压力，建议适当给予补贴支持，并酌情增加照顾老人的假期。

九、加强宣传引导和教育，在全社会营造养老、孝老、敬老的环境氛围

专家们认为，养老、孝老、敬老是中华民族的传统美德，必须在一代一代的传承当中发扬光大。要加强对儿女孝敬父母、赡养老人事例的宣传报道，引导成年子女严格履行《宪法》规定的“赡养扶助父母”的义务。要在中小学教育中明确提出孝敬老人的要求，

在社会上广泛宣扬关爱老人、帮助老人的风尚。还有专家建议，依托农历九月初九日“老年节”增加一天“孝老假”，鼓励年轻人回家陪伴老人，彰显弘扬中华民族孝亲敬老的传统文化。

积极应对我国
人口老龄化的思考和建议

——赴日“应对人口老龄化与养老服务业发展”培训考察总报告

马志刚　张凯竣　乔尚奎

日本是世界上老龄化程度最严重的国家之一，从20世纪70年代起就进入老龄化社会，围绕应对人口老龄化进行了一系列颇有成效的探索实践。我国正处在人口老龄化快速发展阶段，面临诸多可以预见和难以预见的挑战。借鉴日本有益经验，制定适合我国国情的老龄化应对策略，对保障和改善民生、促进经济社会持续健康发展，具有重要意义。

一、日本应对人口老龄化的主要做法

到2019年9月，日本总人口1.26亿，65岁及以上人口3500

多万，占比达 28.4%，预计到 2065 年日本总人口将下降到 8800 万，其中 65 岁及以上人口占比将达到 38.4%。日本在解决老龄化问题方面，从制度设计到政策执行，从政府引导到社会参与，形成了一整套比较完善的应对之策。

第一，将应对人口老龄化放在经济社会发展的优先位置。全社会共同行动，建立国家老龄社会政策委员会，内阁首相任委员会主席，厚生劳动省作为国家主管部门，市町村均设有专门负责部门，央地分工明确、责任清晰。完善政策法律体系，先后颁布《长寿社会对策大纲》《高龄社会对策大纲》等战略规划，出台《老人福祉法》《护理保险法》等专门法律，为各类政策实施提供法律保障。加大财政支持力度，护理保险等主要社会保险中，国家和地方财政承担了 50% 的资金投入，每年国家一般财政支出中有 60% 用于养老等社会保障。今年 10 月日本将消费税上调 2 个百分点，新增财政收入将主要用于弥补养老资金缺口和支持学龄前教育免费。

第二，打造以护理保险为主要资金来源的精准化养老护理支撑体系。为满足越来越多老年人的护理需求，日本从 2000 年起开始实施护理保险制度，对被护理人情况进行等级认定、精准识别，匹配相应服务，并制定了标准化的服务项目清单。护理保险覆盖范围广、保障力度大，支付范围不仅包含了上门看护、日间照料、机构入住等不同类型和预防、照护、康复等不同阶段的几十种服务项目，而且包含了小规模适老化改造、养老用具购买和租赁等延伸服务内容，在限额范围内个人仅需负担相应费用的 10%—30%。

第三，建立了分工明确又紧密结合的医疗、康复、护理专业化服务机制。日本对每种重大疾病的住院天数都有明确限制，超出上限就必须转入康复或看护环节。这样做既有效控制了医疗成本，减轻医保资金和家庭负担，也为康复、看护市场发展创造了需求。2017年日本护理保险领域的服务业规模超过餐饮服务业，预计2025年护理保险支出规模将达到20万亿日元，带动养老产业规模将达到107.5万亿日元。同时，医疗、康复、看护三者在养老服务方面又是紧密结合的。日本积极推进居家养老医疗和护理合作，利用社区门诊比较发达的优势普遍开展上门诊疗服务。

第四，推动形成营利机构为主体的多元化养老市场供给格局。日本高度重视激发社会资本活力、扩大养老服务供给，在市场准入上基本不设门槛，营利性民企可参与和养老有关的所有项目。目前在养老服务各个细分市场中，营利性民营机构数量占比大都超过50%，在老年用具生产和租赁等领域占比超过90%。营利性民营养老机构与社会福祉法人等非营利性机构一起，较好满足了老年人多样化、多层次的养老服务需求。日本各类养老机构竞争非常激烈，为了提高吸引力都十分注重改进服务质量，在设施和服务细节上，都充分体现精细化、人性化，考虑老年人特殊需求。

第五，加强老年人力资源开发，缓解劳动力短缺、提升老年人健康寿命。颁布《高年龄者雇用稳定法》《继续雇用制度》等法规，出台支持老年人就业的相关政策，鼓励延长退休年龄。日本2018年65岁及以上老人仍在继续工作的高达862万人，占日本所有劳动人口的12.9%，65岁及以上男性人口中仍在工作的占33.2%。70多岁老人当超市收银员、餐厅服务员、巴士司机的比比皆是。这种做法不仅在一定程度上弥补了日本劳动力的不足，也促进了老年人适当运动增强活力，具有一举多得之效。总的来看，日本在应对人口老龄化方面走在了世界前列，当然也面临突出挑战。比如，财政压力不堪重负。据预测，日本社保支出规模将由2018年的121.3万亿日元增长到2040年的190万亿日元，占GDP比率将由21.5%上升到24%。其中护理保险费用增幅最大，占GDP比率将达到3.3%。又如，护理人员严重短缺。预计到2025年日本护理人员缺口约38万人，占需求总数的15%。

二、日本应对人口老龄化策略对我国的启示

应对人口老龄化是一项艰巨复杂的系统工程，需要坚持科学的理念思路，正确处理好各方关系。从日本的探索实践看，有诸多启示。

一是正确处理政府和市场的关系，着力提高养老服务体系的质量和活力。日本政府重在制定法规政策，做好养老服务的标准设计和行业监管，并通过强有力的财政投入来保障制度有效运行。具体的服务供给则主要交给市场主体，即使是公立养老机构也采用政府购买服务的方式由社会福祉法人等运营。同时强化事中事后严管，分类制定从业人员和机构运营标准。实行护理服务信息公开制度，养老机构要依法公开服务内容和运营状况，通过第三方机构进行资质认定评价，为老人自主选择服务提供标准化、可视化的权威参考。监管部门一旦发现养老机构承诺与事实不符，就会采取严厉处罚措施。我国在发展养老服务过程中，也应当从政府过多包揽向调动社会力量投入转变，最大限度放开养老服务市场，持续优化营商环境，同时强化政府监管、服务和兜底保障责任。

二是正确处理公平与效率的关系，着力提供普惠而精准的养老服务。日本的养老制度设计十分重视社会公平，养老、医疗、护理保险都覆盖全体国民，正常缴纳保费的非本国长住居民也能

享有同等待遇；老人护理服务收费标准与个人收入挂钩，高收入者自费支付的比例更高，但享受的服务相同，对生活困难者则提供费用减免和兜底保障。同时，通过精细化、专业化的管理手段，优化医疗、护理资源配置，精准设置服务项目的保障范围，真正用护理保险保障的老人只有600多万。相比而言，目前我国的社会保障体系还存在着城乡区域差距较大、精准保障服务不够和资金使用效率不高等问题，需要不断提高体系建设水平。

三是正确处理预防保健与治疗康复的关系，着力延长老年人健康寿命。老年人健康寿命短、医疗和护理支出高是养老负担重的一个重要原因。日本为此推出“健康日本21”全民健康促进计划，把延长国民的“健康寿命”作为努力方向，着力控制需要轻度护理的人数。比如，为40岁以上国民免费提供疾病预防诊断、检查等服务，将大量预防保险项目纳入护理和医疗保险报销范围，广泛开展健康预防科学研究。这几年，我国出台了一些推动全民健康的指导性文件，将部分慢病药物纳入医保，但“重治疗、轻预防，重治疗、轻康复”问题仍然突出，亟须进一步落实“大卫生、大健康”理念和预防为主方针，推动全社会共同参与到“健康中国行动”中来。

四是正确处理居家社区养老与机构养老的关系，着力促进各类模式之间的有机衔接。日本历史上曾大规模建设大型养老院，快速增加养老床位数，但未能有效满足社会需求，一些地方甚至出现了“30年等一床”的现象。近些年来，逐步将发展重点转向依托社区的居家养老服务，设立专门机构向老年人提供咨询服务，发展社区小规模多功能养老机构，打造集居住、医疗、照护、预防、生活援助于一体的地区综合服务体系。我国也提出了居家为基础、社区为依托、机构为补充、医养结合的养老服务体系构建思路，应借鉴有益经验，切实打通居家社区养老服务发展的痛点、堵点，提升机构养老服务质量，更好满足老年人养老服务需求。

五是正确处理高福祉与可持续的关系，及时调整完善养老保障制度。日本20世纪70年代社会保障制度建立之初，提出了使“本国社会福利水平达到欧美国家水准”的目标，推行全民免费医疗，对养老金及护理保险给予大量财政支持。但随着之后经济增速放缓，财政支出难以为继问题凸显，日本开始对相关制度进行调整，2004年修改养老保险相关法案，提高老年人自付比例；2015年、2017年又先后提高护理保险服务费用中高收入群体的个人承担比例。我国提高社会保障水平也应把握好节奏和力度，不做超越阶段和能力的事情，根据形势发展变化及时做好制度的调整完善。

三、积极科学应对我国人口老龄化的政策建议

当前，我国60岁以上老年人口已达2.5亿，占总人口的17.9%，其中65岁以上老年人口近1.7亿，占总人口的11.9%。据联合国有关数据，2000—2050年间我国人口老龄化速度将是世界平均速度的2倍。我们面临着老年人口数量最多、老龄化速度最快、应对人口老龄化任务最重的严峻挑战。应借鉴国际有益经验，加快补上养老政策、工作基础、体制机制等方面存在的短板，变压力为动力，化挑战为机遇，推动老龄事业全面协调可持续发展。

第一，将积极应对人口老龄化放在国家战略更突出的位置。这是日本的重要经验，也是我国人口老龄化的形势所迫、任务所需。最近国家已制定发布积极应对人口老龄化中长期规划，明确了顶层设计、战略目标和实施步骤。建议抓住“十四五”重要窗口期，做好相关规划的统筹衔接，强化法律政策支撑，尽快修订或制定

社会保障法、社会救助法等法律法规。健全老龄工作体制机制，整合优化涉老部门相关职能，明确中央和地方职责、加强协调联动，确保各项规划和政策落实到位。

第二，建立老年人状况统计调查和精准分级制度。这是我国有效应对人口老龄化必须抓紧做的基础性工作，宜早不宜迟，宜快不宜慢。日本对每位老年人身体状况都作了精准分级，为做好养老服务、安排财政支持和相关保障提供了依据。我国脱贫攻坚取得举世瞩目成就，一条重要经验在于找到“穷根”，对贫困户和贫困人口“建档立卡”，在扶持对象、项目安排、资金使用等方面都做到精准。因此，应抓紧完善相关统计框架，科学制定标准，对老年人身体状况、认知状况进行分级分类，建立老年人健康档案，在此基础上完善老年人护理制度、养老机构分类管理制度。

第三，更多依靠市场力量提供非基本养老服务。鼓励社会资本进入养老服务市场，多渠道加强服务供给，同时做好事中事后监管。改革完善公办养老院运行机制，采取公办民营等多种方式提高运营效率。在财税、土地供应等方面加强对养老机构支持，使市场主体留得住、能发展、有赚头。明确医疗、康复、护理界限，出台制度合理限制患者在医院的住院时间，提高医疗资源使用和配置效率，为康复、护理市场培育壮大创造空间。过度福利带来财力不可持续，这是日本应对人口老龄化的一大教训。我国应坚持尽力而为、量力而行，合理确定服务保障标准和财政支持力度，构建保障适度、可持续的多层次社保体系。

第四，大力发展居家社区养老。根据老年人总体情况和地区分布特点，合理布局社区嵌入式养老机构，落实好优惠支持政策。结合老旧小区改造，多种方式补充养老服务设施，将更多改造资金用于加装电梯等适老化改造，为居家养老创造更加适宜的设施条件。加快互联网与社区养老服务深度融合，为老年人提供“点菜式”就近便捷服务。把居委会、社区服务中心及服务站等基层组织的作用发挥出来，使其更好提供养老咨询、协调等服务。

第五，积极推进健康老龄化。做好对弹性退休等政策的研究储备，鼓励健康老年人发挥余热，创造更多社会价值。强化预防科学研究，运用多种渠道和载体，宣传健康常识。加强应对人口老龄化的社会动员，开展人口老龄化国情教育、老龄政策法规教育，发展面向老年人的各项公益事业，引导全社会增强尊老、敬老、爱老、助老的意识。

日本发展居家社区养老的启示

——赴日“应对人口老龄化与养老服务业发展”培训考察分报告之一

马志刚　张凯竣

近年来，日本养老服务体系发生明显变化，由当初以大型公有养老机构为主逐步转向重点发展居家养老和社区小型养老机构，服务的整体效能和可持续性明显提升。当前，我国居家社区养老服务正处于早期发展的关键阶段，实践中面临诸多难点、堵点。借鉴日本经验，坚持问题导向，有助于找到我国发展居家社区养老的有效途径。

问题一：居家社区养老服务的政策支持应重点面向哪类老年人？

日本养老服务体系在制度设计上面向所有 65 岁以上老年人，

且没有城乡区域差别。具体服务供给上，根据健康状况对老年人进行分类认定，提供差异化、精细化的服务内容。长期护理保险制度将老年人分成自立、需要援助与需要护理三种类型，其中需要援助、需要护理又分别设有2个和5个子级别。自立级别老年人不能享受护理保险服务；需要援助的老年人可以享受上门和日间照料等服务，但不能享受机构护理服务；需要护理的老年人可以享受全方位的护理看护服务。科学精准的等级认定，提高了医疗护理资源的使用效率，有效保障了失能、半失能老年人的生活质量。

近年来，我国养老服务体系覆盖面不断扩大、受益者持续增多，但也存在政策精准度不够、资源配置效率不高等问题，社区中的为老服务设施主要由自立、健康的老年人使用，很多失能、半失能老年人的照护需求没有得到有效满足。建议明确重点、精准发力，提高养老服务政策支持的实效性和精准性。

一是加大对特殊困难群体老年人的保障力度。我国目前大约有4000多万失能、半失能老年人，他们的照料和护理问题十分突出。应重点加强对这些老年人群体的护理照护，为他们提供家务劳动、家庭保健、辅具配置、送饭上门、无障碍改造、紧急呼叫、安全援助等急需服务。

二是尽快开展老年人综合能力评估。对60岁以上老年人精准分级分类，探索建立全国统一的失能（失智）评估、长期护理需求认定和等级评定的标准体系，将评估结果作为老年人办理失能护理补贴、安排居家养老照护、提供康复护理、发放养老机构运营补贴等的依据。

三是提高对全体老年人的社区公共服务水平。社区是老年人的基本生活环境和活动场所，应加强社区周边绿地和运动场所、老年人活动中心等设施建设，健全健康管理、生活服务等功能，拓展公共活动空间、丰富老年人日常文化生活。

问题二：居家社区养老服务由谁来提供?

日本居家社区养老服务主要由民营企业等社会力量来提供。地方政府根据养老服务供需状况，以招投标等方式吸引社会力量参与，在土地获取、房屋建设、设备购买租用等方面给予财税和贷款优惠支持。目前在各类养老服务市场主体中，营利性民营机构数量占比超过 50%，其他也大多是社会力量举办的社会福祉法人、医疗福祉法人等非营利性机构。日本居家社区养老机构具有小型化、多功能的特点，我们参观考察的养老机构大多只有几十张床位，但设施功能齐备，能够提供日托、短期入住、组团式护理和上门照护等多种服务项目，周边老年人可以享受到全天候、一站式、近距离的便利服务。此外，日本注重引导社会各界关心支持养老事业，倡导老年人自立，支持开展养老志愿服务，形成了“老年人自助、亲邻互助、制度共助、政府公助”的多元主体协同服务格局。

当前我国居家社区养老在供给端存在总量不足、结构失衡、社会力量参与不够等问题，亟待有针对性加以解决。

一是更多依靠社会力量加强社区小规模养老机构和设施建设。根据老年人总体情况和分布特点，优先发展、合理布局社区小规模养老机构，吸引社会力量参与，政府以购买服务、建设补贴、小区配套设施及社区公共用房低价或无偿使用等方式加以支持。发挥好已有社区养老服务驿站作用，着力提升日间照料、康复护理等核心功能。

二是为社会资本进入创造公平竞争环境。目前我国养老机构设立许可已取消，但建设运营还要多个部门审查审批。应深化“放管服”改革，在改建设施消防审验、医保定点资质审批等方面进一步优化流程，确保税收优惠、行政事业性收费减免、水电气热价格优惠等政策落实到位。减少新设公立养老机构，把更多空间腾挪给社会力量。

三是积极引导互助共助式养老。强化街乡老年人协会组织建设，积极培育为老服务社会组织。探索完善“时间银行”等模式，大力发展养老志愿服务。鼓励亲属或社区邻里开展养老服务，倡导“活力老年人”照顾帮扶特定老年人。

问题三：居家社区养老服务由谁来支付？

科学完善的支付体系是养老制度可持续运行的重要支撑。日本通过建立“养老金 + 长期护理保险”的模式，提升了老年人服务购买能力，保障了居家社区养老的顺利开展。日本的养老金由国民年金、遗属津贴和残障津贴构成，确保老年人在丧失劳动能力之后能够获得稳定收入，维持正常生活。2000 年推出的长期护理保险制度，大幅减轻了家庭及个人的支付压力，缓解了仅靠养老金不足以支撑护理费用的问题。强大的支付体系还促进了相关产业发展，吸引大量企业参与到养老服务市场之中，形成供给需求相互促进的正向循环。

与发达国家相比，我国老龄化具有“未富先老”“未备先老”特点，在长期护理保险尚未普遍实施情况下，仅仅依靠养老金还无法完全保障老年人养老需求。建议进一步完善制度、加强扶持，加快推进长期护理保险试点的评估、扩面，并大力发展商业养老保险，建立财政、社会和个人责任分担、互助共济的多渠道筹资机制，形成对养老服务支付的多元支撑。同时，强化财政支持，优化支出结构。目前中央和省级养老服务建设补贴资金 90% 以上集中用于机构养老，投入到居家社区养老的不足 10%。应将居家社区养老服务纳入政府购买服务指导性目录，完善流程、标准、监管以及招投标等制度规定，加大财政支持力度。例如，可通过精准发放助浴、助餐“养老服务支付券”等形式，对符合条件的老年人购买服务给予补贴。

问题四：居家社区养老服务有哪些内容？

经过多年持续推进，日本居家社区养老的服务内容不断扩充，服务方式日趋灵活。长期护理保险根据不同类型老年人的实际需求，详细规定了 16 种服务项目，按服务场所大体可分为上门服务和机构照料两大类。上门服务包括照护和医护两种，照护服务由具有护理福祉士或家庭护理师资格的人员提供，内容包括喂饭、翻身、洗澡、更衣等身体护理和洗衣、做饭、扫除等生活援助；医护服务由医疗机构的护士、保健师到老年人家中提供专业诊疗服务。机构照料主要由社区小规模养老机构开展，包括接送老年人到机构接受健康检查、日常康复训练、午餐、洗澡等日间照料，并可提供短期入住。此外，对于护理等级在 3 级及以上的中重度失能老年人，还可提供夜间巡视和 24 小时应急救援等专业服务。

当前，我国居家社区养老的服务内容还比较单一，大多属于家政服务范畴，较少涉及生活照料、康复护理、心理咨询等环节，需要丰富内容、健全标准。

一是细化养老服务项目清单。全面了解老年人居家养老的实际困难和需求，制定详细可行的服务标准和质量规范，引导养老机构提供老年人急需的服务项目。

二是改善老年人生活设施环境。大力推动老旧小区加装电梯，加大对公共通道、社区休闲绿地、公共健身场所等公共空间的适老化改造，使老年人不仅“下得了楼”，还“出得了门”“上得了车”。

三是推进医疗资源向居家社区养老延伸。老年人的护理和医疗需求紧密相连，应做实家庭医生签约服务，加强医疗机构与日间照料中心的对接，定期指派医生、护士到机构开展健康体检、心理咨询、康复训练等活动，支持日间照料中心增设体检区、护理站等功能单元，为老年人提供必要的医疗康复服务。

问题五：居家社区养老服务体系如何运转?

居家社区养老涉及的老年人和机构数量众多、服务内容体系复杂，为实现供给需求的有效匹配，日本以市町村为主体在各个社区都设立了地区综合照料支援中心，为本地区老年人提供护理保健咨询、制订具体护理计划、权益维护等服务，同时组织本地区各类养老机构开展业务交流，为护理保险等制度的有效落地发挥了重要支撑作用。

此外，日本还对居家社区养老服务中可能涉及的责任认定问题，通过立法进行清晰界定，一旦老年人在服务过程中出现意外，会有明确处理方案，减少了服务双方纠纷的发生。近年来，我国不断加强居家社区养老服务供给，出台了一系列惠老助老的政策措施，但由于存在信息不对称，不少老年人仍感到政策不清楚、找资源有困难。可借鉴日本地区综合照料支援中心的做法，提高居家社区养老公共服务的专业化、精细化水平，打通资源对接、政策落地的“最后一公里”。

一是依托现有基层公共机构开展社区老年综合服务。将现有居委会、社区服务站等组织打造成为“一站式”为老服务枢纽，为老年人及家庭提供养老项目、政策法规、康复辅具等咨询和指导，让老年人便利对接到适合自己的服务资源。

二是提升社区老龄工作人员专业水平。推行“养老顾问”制度，探索制定岗位从业标准，做好对街道社工、老龄工作专干的培训考核，使他们具备一定的养老护理咨询、评估和管理能力，更好服务属地老人。

三是加强居家社区养老的信息化管理。整合社区内养老服务机构和老年人信息资源，采取便民信息网、热线电话、爱心门铃、社区呼叫系统等多种形式，构建社区养老服务网络平台，为老年人提供更加便捷高效服务。

日本分级认定养老需求分类提供养老服务的有效做法

——赴日“应对人口老龄化与养老服务业发展”培训考察分报告之二

王巍　乔尚奎

在日本培训考察期间，笔者发现日本养老服务体系的一个鲜明特点是需求分级、供给分类，这促成了养老服务精准化、标准化。这不仅能有效提高养老看护质量，也有利于统一护理保险支付标准，减少资源浪费。相关经验值得借鉴。

一、日本在养老看护需求上构建了“要介护认定”的基础性制度

日本社会崇尚鼓励老人自理自立的养老理念，认为过度看护有可能加速老人的衰老和体能下降。针对老人不同的看护需求，

他们自 2000 年开始实施“要介护认定”制度，将养老看护需求划分为 7 个等级，即“要支援 1—2、要介护 1—5”，其中“要支援 1—2”属于轻度看护等级，“要介护 1—5”属于中度和重度看护等级。早稻田大学专家研究表明，目前“要支援 1”等级中的老人最普遍的情况是关节疾病患者，达到 23. 5%；而“要介护 5”等级中的老人最普遍的情况则是老年痴呆和脑中风疾病患者，分别达到 23. 7% 和 34. 5%。从日本厚生劳动省提供的数据看，2017 年全日本接受介护认定的 65 岁以上的老人有 629 万人，从“要支援 1”到“要介护 5”这 7 个等级的人口比例分别约为 14%、14%、20%、17%、13%、12%、10%。

在“要介护认定”的程序上，首先，所有达到 65 周岁的老人都可以直接向居住所在的区市町村（不同层级的日本行政建制）政府部门申请，政府有关部门会指派专门的认证调查员上门家访，依照具体标准实地查看申请人的健康和日常起居情况，比如翻身、排泄、着装、饮食、洗浴、做饭、扫除等，并结合申请人主治医生开据的诊断证明形成初步评估结果；随后，由当地保健、医疗和福祉等方面的专家组成看护认定审查会，经过综合研判形成第二次评估结果；在此基础上，区市町村政府部门确定申请人需要看护的认定等级，并通知本人或家属。上述过程大约需要 30—40 天。如果申请人健康和生活状况发生变化，可以随时重新申请新的等级认定。此外，由于标准和程序的规范统一，各地方作出的等级认定在全国其他区域都能适用，比如某位老人搬迁到日本其他县市，只要在 14 天内在迁入地办理相关手续，就可享受前行政管辖区的同等养老服务。

实行“要介护认定”制度，在给每位申请人确定养老看护需求等级的同时，也清晰界定了所能享有的不同种类的养老设施和不同等级的养老看护服务。只要符合规定范围，国家“介护保险”都会负担相应比例的费用；而超出范围的，个人要么没有资格享有，要么自己全额支付。比如，“要介护1—5”等级的老人可以入住“介护老人保健设施”（一种为随时需要看护而无法居家生活的老人提供的养老机构），也能利用“介护保险”进行病后康复指导和护理，而“要支援1—2”等级的老人则没有这些权利。再如，在福祉用具方面，“要支援1—2”和“要介护1”等级的老人只有租用限定的助行车、步行扶助拐杖时，才能利用“介护保险”；而“要介护2—5”等级的老人则可以利用“介护保险”租用看护专用床、轮椅车等辅具。同时，在“介护保险”利用程度上，根据对象收入不同，也执行差异化的支付比例。一般情况下，包括入住养老机构、日间照料、洗浴餐食、失禁处理等，个人仅需负担总费用的10%；当本人或家庭年收入超过一定基准时，个人则需负担20%—30%。比如，我们在东京都的伸江福祉会举办的一家养老机构了解到，这里的单人间每月照护费用30万日元，而大多数老人仅需支付3万日元，其余27万日元由“介护保险”负担。

二、日本在养老设施和服务上形成了多元供给、分类选择的精准匹配模式

培训考察期间，我们发现日本的养老机构种类繁多，提供的服务内容覆盖面广且划分精细，既有每天供应两顿饭、帮助洗一次澡的日间照料场所，也有专门提供为期3—6个月的老人病后康复机构；既有可长期生活保健的廉价养老院，也有可提供送终服务的特别养护老人院；既有针对健康老人的收费健康老龄公寓，也有用于接收老年痴呆症患者的高龄者住宅。一方面，老人可根

据自己的实际情况选择最适合的养老服务方式；另一方面，各类已被认定明确的看护需求等级则成为他们能否被接纳的重要依据。比如，特别养护老人院只接收“要介护 3—5”等级的老人。从中可以看出，在养老需求和供给两端，日本都通过分级分类形成制度闭环，从而在执行层面实现精准匹配和有效衔接，促使养老护理资源高效利用，各类人群的差异化养老需求也能得到更好满足。

日本主要养老机构分类情况

<table>
<tr><th>机构类别</th><th>介护需求等级</th><th>特点</th><th>性质</th></tr>
<tr><td>特别养护老人院</td><td>要介护 3—5</td><td rowspan="5">空位少，排队时间长</td><td rowspan="5">公营</td></tr>
<tr><td>介护老人保健设施</td><td>要介护 1—5</td></tr>
<tr><td>介护疗养医疗设施</td><td>要介护 1—5</td></tr>
<tr><td>廉价养老院</td><td>要支援 1—要介护 3</td></tr>
<tr><td>看护院</td><td>要支援 1—要介护 3</td></tr>
<tr><td>集团生活式收费养老院</td><td>要支援 2—要介护 5</td><td rowspan="2">空位少，排队时间长</td><td rowspan="7">民营</td></tr>
<tr><td>老龄人群的租赁住宅</td><td>无失能人员—要介护 3</td></tr>
<tr><td>出售型老龄人群服务公寓</td><td>无失能人员—要介护 5</td><td rowspan="5">空位多，排队时间短</td></tr>
<tr><td>介护服务收费养老院</td><td>无失能人员—要介护 5</td></tr>
<tr><td>住宅式收费养老院</td><td>无失能人员—要介护 5</td></tr>
<tr><td>收费健康老龄公寓</td><td>只接收无失能人员</td></tr>
<tr><td>高龄者专用服务公寓</td><td>无失能人员—要介护 3</td></tr>
</table>

资料来源：日本厚生劳动省

日本的养老供给主体多数为民营，也有公营的，既有单为附近社区配套的小体量养老机构，也有全国连锁的大规模养老企业集团。尤其是民营企业能提供多样化的养老设施和服务。比如，我们看的葵之园介护老人保健机构是由一家医疗企业集团出资设立的，能够借助集团的资源优势，让机构内的老人享有较完善的医疗康护服务。我们看的另一家名为丰生会的医疗福祉法人，将一所医院二楼以上改造为养老公寓，使居住于其间的老人下到一楼即可接受医疗服务，极大增加了老人就医的便利性。我们还了解到，日本政府尤其重视支持那些为介护认定等级较高人群服务的养老机构，比如东京都针对“特别养护老人院”（只接纳“要介护 3—5”的老人）有多项资金补贴，其中包括机构创设补贴 500 万日元、翻新改造补贴 600 万日元、增加建筑面积补贴 250 万日元等。

三、相关政策建议

在我国，与庞大的养老护理需求相比，供给方面的人员、资金和机构设施都明显不足，既缺乏与日本相似的护理保险制度，也存在养老服务精细化发展不够的问题。从养老需求看，没有科学合理的甄别与分级；从养老供给看，主体单一、服务能力不足现象较为普遍。结果导致大多数老人只能居家养老，但难以享有较完善的养老服务；想去养老机构但优质公立的很难入住，民营的多数收费太贵又支付不起。

近年来，国家制定出台了不少促进养老服务业发展的政策措施，其中提出要完善全国统一的老年人能力评估标准，推行居家、社区和机构养老融合发展等。在这方面，应积极借鉴日本的经验做法，实施养老看护需求和服务供给分级分类、推进养老服务精准化、标准化，为我国建立完善长期护理保险制度和相关服务体系奠定基础。

*第一，在养老需求侧明确认定看护服务等级。*借鉴日本“要介护认定”划分等级的做法，研究适时出台我国统一的养老看护需求等级划分标准，规范评估认定流程，并明确相对应的养老服务种类和具体收费科目。实施中可先在部分地区试行，待取得经验后再逐步推广。这不仅能为每一名有养老看护需求的老人量身

定制养老服务方案，也能不断丰富全社会养老需求的大数据资源，为国家养老形势研判和政策制定提供科学依据。

第二，在养老服务供给端细分养老机构设施功能类别。在发展综合型养老机构的同时，鼓励专注于特定服务内容的养老机构和设施建设，比如专门接收老年痴呆症患者和高龄残疾人的养老机构、专门用于老人病后康复的养老设施，以及帮助老人解决餐食和洗浴问题的社区日间照料场所等。在这方面应优化政策支持，营造宽松环境，积极引入社会资本，更大激发市场活力。同时，结合养老需求侧的等级认定，设立科学合理的入住门槛，比如一些特定功能的养老机构就不应允许接纳健康老年人，从而更精准提供多样化的养老服务，更充分用好各类养老资源。

第三，现阶段在机构设施建设和人群服务上需进一步聚焦重点。建立健全养老看护需求和服务供给的分级分类制度，就是为了更好聚焦重点，确保将有限的养老护理资源用到真正需要的老人身上。当前我国长期护理保险制度尚未全面建立，而养老困难人群主要集中于失能半失能老年人、贫困老年人和失独老年人等群体，他们的养老问题属燃眉之急，需要特别保障制度安排。建议借鉴日本支持建设“特别养护老人院”等做法，集中力量建设一批服务于特别和特困老人的养老机构，在政策扶持和资金保障上予以倾斜；对那些经济上困难的老人养老问题，建议与精准扶贫相关工作统筹考虑，更好实现老有所养。

日本加强养老服务专业人才培养的经验及建议

——赴日“应对人口老龄化与养老服务业发展”培训考察分报告之三

郑真江　乔尚奎

加强养老服务人才专业化建设是日本应对人口老龄化的重要举措，护理照料等各类专业人才在养老服务行业中发挥了骨干作用。应借鉴日本有关经验做法，加快我国养老服务专业人才的培养。

一、日本推进养老服务专业人才发展的主要做法

日本进入老龄化社会后，随着失能与半失能老人持续增多，对养老服务专业人才的需求大幅增加，特别是实施介护保险制度后，创造了巨大的护理服务需求，加快推动了养老人才队伍发展。

一是聚焦刚性护理需求和提升专业化水平，构建养老服务人才培养体系。日本养老人才培养定位明确，注重满足失能失智老人的养老服务需求，人才结构以社会福祉士、介护福祉士为主体，前者主要是养老管理人才，负责统筹养老政策资源，后者主要为失能失智老人提供照料服务。同时，还有精神保健福祉士、理学疗法士、作业疗法士等细分领域人才。高等教育重点培养政策理论水平要求较高的社会福祉士，中高职教育侧重于培养需要动手能力的介护福祉士。这些方面人才培养都积极推进产学研一体化，一些地方还设立专门的福祉学校。此外，日本还设有中央、都道府县等各级福祉人才中心，形成从中央到地方的全方位培训体系。

二是采取考试认证和从业认定相结合的办法，健全人才职业资格制度。1987 年，日本颁布《社会福祉士与介护福祉士法》，1993 年又出台《福祉人才确保法》，推动实施福祉士国家资格认证制度。社会福祉士、介护福祉士、精神保健福祉士并称“福祉系三大资格”，由公益财团法人社会福祉振兴考试中心组织实施，非福祉专业学生报考要求具备一定年限的从业经历。较长时间内，日本福祉学校或专业培养的介护人才，毕业后自动获得福祉士职业资格。2016 年，日本为提高人才培养质量，提出福祉专业培养的学生要在 5 年内参加职业资格考试，同时也开辟职业资格从业认证的通道，福祉专业学生毕业后连续 5 年从事介护服务的，5 年后就自动获得介护福祉士资格。

三是注重提升在岗从业人员专业技能。日本养老服务行业组织“银色服务振兴会”，创设了介护职业技能级别认定制度，分为 7 个等级，申请等级认定需要参加相关培训。虽然日本重视养老人才的技能发展，但养老机构中，取得介护福祉士资格的比例并不高，有的仅 10% 左右。为解决专业人才不足问题，日本注重在养老服务机构采取团队服务和多工种协作模式。比如神奈川县的葵之园老人保健机构由 1 名常驻医生统筹护士、康复、介护等不同工种，形成服务团队，这既能提高看护效率、减轻人员负担，也能发挥不同人才专长。

四是注重加强人才激励保障。日本逐步构建了从入学、入职到职业发展的全方位保障体系。日本福祉专业学费并不低，北海道福祉大学介护专业第一年学费达 110 万日元（约 7 万多元人民币），但有很多养老机构为学生提供助学贷款，低的每年 18 万日元（约 1.2 万元人民币），高的每年达 92 万（约 6 万元人民币），学生毕业后从事一定期限养老服务就可以免除贷款。政府对福祉专业的教师工资、硬件投入等加大支持，东京的首都医校教师工资 20%—30% 来自财政支持，政府对学校介护设备采购的补贴比例最高达 50%。日本为从业的介护福祉士提供每月 1 万—2 万日元（约 650 元—1300 元人民币）的补贴，目前正在积极论证对工作 10 年以上的福祉士每月额外提供 8 万日元（约 5200 元人民币）补贴。近年来，日本推行待遇改善加算制度，介护福祉士在获得基本服务费的同时，如符合夜间服务、上门服务、远途服务等条件，可加算一定权重服务费，体现付出与回报相匹配。

总的来看，日本在养老服务人才培养方面，有不少行之有效的做法。但我们也看到，日本与其他老龄化国家一样，养老专业人才缺口大、离职率高。日本现有介护人才约 200 万人，厚生劳动省测算，到 2025 年需要 245 万人，缺口 45 万人。福祉学校和专业招生情况也不乐观，每年招生完成率仅 30%。尽管日本重视提升养老人才待遇，但养老人才薪酬待遇仍处于社会中低水平，加上劳动强度大、工作不规律，离职率普遍较高，很多养老机构靠情感维系老员工，养老服务职业吸引力明显不足。

二、几点思考和建议

随着我国人口老龄化进程加快，养老服务需求将持续增长，应大力加强我国养老服务人才队伍建设。

一是完善人才培养布局体系。应结合我国不同区域、类型、群体的养老服务需求，扩大职业院校养老服务人才培养规模，协调推进护理、预防和康复人才培养。目前我国高校专门设置养老服务相关专业的还比较少，随着养老服务业发展特别是长期护理保险制度的试点推广，对养老护理、服务管理等专门运营人才需求将大幅增加，应加强这些方面高层次、综合性养老专业人才培养。

二是加快短缺人才培养、提升专业技能。我国现有失能和半失能老年人约4000多万，如果按国际标准3∶1照料比例测算，至少需要1300多万专业护理人员，而目前我国这方面人才不足50万，中高职院校每年分别只招生26万和27万人，人才补充速度缓慢。现在养老护理人员以进城务工妇女、下岗人员为主，普遍学历低、年龄大、护理技能短缺。应提高在职培训的针对性，开发简便可行的教学内容。对基础的、易操作的护理知识，国家应组织开发通用速成教材，帮助入职者在较短时间内掌握相关知识，同时探索不同工种协同配合的服务机制，提升养老护理质量。虽然国家层面自2017年取消了养老护理员的职业资格认定，但应完善社会化职业技能水平评价，规范资格认证制度，提升养老护理职业资格的公信力。

三是提升养老服务职业吸引力。这其中关键是加强待遇保障。近年来，日本大力提高养老人才待遇，但改善幅度有限，原因是为实现保险基金可持续发展，严格控制不同介护等级服务限额，间接限制了养老护理人才的薪酬。我们在调研中听到，日本金融厅不久前发布研究报告，对个人养老负担进行测算，认为如果要活到95岁，高龄老人至少需要2000万日元（约130万元人民币）来养老，这个研究引发日本民众不安。我国提高养老人才待遇保障，应综合政府、个人、社会负担能力等多重因素，制定科学的、可持续的待遇保障制度。结合长期护理保险制度的试点，健全分级照护规范、护理服务标准，把护理人员的薪资收入与护理服务的内容、时间、难易等挂钩，多劳多得，对技能水平高、从业时间长的，薪酬待遇应加大倾斜力度，吸引更多人才长期从事养老护理服务。

四是加强养老领域国际教育合作。近年来，日本为解决护理人才不足问题，通过与周边国家签订经济伙伴协定（EPA），陆续从印度尼西亚、菲律宾等国吸引介护人才到日本工作，但由于语言、福祉士资格等门槛限制，实际操作起来面临不少困难。为增强吸引力，日本还推出了一些优惠政策，取得日语N1合格证的福祉专业留学生每年可以减免50万日元（约3万3千元）学费，取得N2合格证的可以减免40万日元（约2万6千元）学费，但附加要求毕业后留日本从事一定年限介护工作。目前中日养老服务人才培养合作还比较少，有关方面应坚持互惠互利原则，积极推进中日养老服务人才培养合作。从培养机构情况看，我国不少职业院校师资短缺，优质教材不足，应有针对性地加强师资力量培训，学习日本在教材教法开发、开展实训模拟等方面的有益经验，提高我国养老专业人才培养质量。

以科技赋能养老服务和产业发展

——赴日"应对人口老龄化与养老服务业发展"培训考察分报告之四

刘军民　乔尚奎

当前以信息化、数字化、智能化为核心的科技革命方兴未艾，将推动养老服务方式深刻变革，促进养老服务产业高质量发展。日本养老科技创新起步较早、发展较快，相关经验做法值得借鉴。

一、日本推进养老科技创新成效明显

人口老龄化既是严峻挑战，也蕴含着重大发展机遇。日本通过推进科技创新和运用，为应对老龄化挑战、提高养老服务质量效率提供了许多解决方案，也创造了新的商机。

第一，运用科技手段促进了养老服务降本增效。养老服务是劳动密集型行业，推进养老科技创新，有利于减轻养老护理工作强度、

降低人力成本支出、缓解人力不足，也有利于提高养老照护质量和效率。在传统看护方式下，平均1个护理人员只能照护2—3个老人，而借助物联网和智能化设备，效率可提升数倍。助餐、助浴、排泄是失能老人护理中的主要工作内容，其中助浴劳动强度最大，很多护理员常因此而腰部劳损。对此，日本开发出了全自动机械洗浴槽设备，无须烦琐操作，老人坐着轮椅或躺着就能享用安全、舒适、便捷的沐浴。随着信息技术、人工智能与养老产业深度融合，催生出“智慧养老”“物联网＋养老”“机器人＋养老”等新模式，不仅为解决养老服务难题探寻了新路径，也能为经济发展注入新动力。

第二，科技创新扩大了养老服务多样化供给。快速老龄化一方面给家庭和社会带来很大负担，另一方面对养老服务供给体系提出了更高要求，需要强化科技支撑作用，创新养老服务模式，提升服务质量和效率。比如，日本大力发展智慧养老，利用物联网、云计算、大数据、智能硬件等新一代信息技术产品，实现个人、家庭、社区、机构与健康养老资源的有效对接和优化配置，扩大线下服务半径，提升健康养老服务能力；借助物联网和智能技术，整合居家及穿戴式监测设备，对老人进行生命体征监测和健康数据管理，增强服务的精准性和有效性，并减少意外风险发生；通过虚拟现实（VR）技术参与模拟和评估大脑的高频活动，对认知障碍症尽早预知并及时干预。

第三，发展养老科技培育了未来竞争新优势。日本老年科技产品分为环境嵌入型、穿戴佩戴型和护理机器人三大类，这些新产品、新技术得到普遍运用。比如在老人的床脚处安装探测器，床单夹层里也有探测器，在老人不慎滑跌落床时及时报警；在老人腹部佩戴一个超声膀胱监测仪的感应器，可有效减少老人小便失禁；24 小时在线运行的智能生命体征监测系统，实时监测老人身体状况、进行健康数据管理并在监测到异常情况时及时发出警报。如果说养老服务受时空所限具有区域性，养老产品、设备、技术和服务模式则没有国界。日本积极推动老龄用品和养老管理服务模式向周边国家乃至国际市场输出，厚生劳动省自 1974 年就举办了首届国际福祉机器（器械、器具、用品）展，已连续举办了 46 届，每次展出的福祉康复设备器械器具等超过 2 万多种。养老服务和相关产业逐渐成为日本国际竞争优势的“新名片”。

二、日本推动养老科技发展的主要做法

一是制定政策倾力支持。日本政府非常重视老龄产品和护理设备的开发推广，1993 年就出台了《福祉用具研究、开发和普及促进法》，规定由经济产业省和厚生劳动省牵头，对民间研发制造老龄用品提供有力的技术和资金支持，并采取提供补贴、保险支付等措施鼓励家庭和养老机构购置或租赁养老器械、器具和用品。在政策推动下，日本老年用品制造业发展成熟，产品种类齐全、制造精良、科技含量高、使用体验好，很多方面在国际上处于引领地位。日本还将老年护理科技开发应用与“机器人革命”等产业振兴计划结合，从生产者和使用者两端采取多种措施支持。对生产者，公布“将机器人技术引入护理的优先领域”的产品目录，对目录中产品的开发和生产等方面进行补贴。对使用者，介护险对养老机构或家庭购置或租赁老年护理科技产品给予保险给付或特别优惠。目前，日本全国约有 5000 多家养老机构在推广使用护理机器人。在多种政策支持下，日本智能护理机器人的研发制造在世界上处于领先水平，开发出了具有家居作业、情感陪护、

娱乐休闲、残障辅助、安防监控等功能的智能服务型机器人，既提高了老年人生活质量，也减轻了家属的陪护压力。

*二是产业界积极参与。*日本大型企业财团都意识到老龄化带来的巨大商机，以战略眼光参与养老产品开发和服务供给。比如松下电器集团1998年就进入养老行业，在日本开设了50多家养老设施和180多家居家养老服务中心，年销售额超过400亿日元。在2019年11月举办的上海进博会上，松下公司集中展示了健康养老领域的创新产品和解决方案。日立公司采用射频识别定位技术，开发的室内导航系统“IPS”，可对老人室内移动情况进行精准定位。NEC公司基于传感技术和数据挖掘分析技术打造智能养老信息管理平台，提供智能化养老服务方案。三井富士公司将物联网传感器集成到衣服面料里，可实现对老人呼吸率、心率、体温等数据的实时监测。

*三是产学研用紧密结合。*科技养老、智慧养老需要的不仅仅是一堆传感器、机器人和器械器具，行业标准的建立、公共设施和环境场景改造、软硬件综合配套开发、垂直算法研发等协同必不可少。日本经济产业省等部门通过发布产业政策指引，推动制造商、研究机构、信息服务公司、养老机构、医疗机构、行业协会、社会团体协同合作，提升协同创新和管理服务水平，致力于为老年人提供舒适、便捷、高效的养老产品和服务。

三、相关借鉴及建议

我国养老服务需求巨大，现阶段主要矛盾是“潜在需求”很难顺畅转化为“有效需求”，存在“有需求无市场”的问题。这既与老年人支付能力有限有关，也有养老服务创新不足、效率不高的原因。鉴于此，应积极运用科技手段，大力发展低成本高效率的服务供给，助推养老服务和相关产业高质量发展。

一是推动老龄用品市场提质扩容。目前全球老龄用品共有6万多种，日本市场有4万多种，我国市场上仅有2000多种，产品空白地带很多，产业发展处于分散化、自发型状态。中国是世界上最大的轮椅生产国，年产量达400多万辆，但产品主要集中在中低端，科技含量低、功能简易，高端产品主要被国外品牌垄断。同时，我国老龄用品市场需求巨大，每年仅基本型辅具需求就达6亿件、价值上万亿元。要以技术创新丰富产品供给，积极开发老龄用品市场，加强老年辅助器材及产品研发创新，优先发展老年人护理照料、生活辅助、功能代偿增进等老年辅助科技产品，为老年人功能退化缺损提供智能科技代偿，辅助、替代人力照护。同时，促进养老科技产品和设备应用推广，制定政府购买和推广目录，扩大增值税免税老龄产品范围（目前仅有轮椅免税）。加大康复辅助器具应用推广力度，试行康复辅助器具购置补助政策，鼓励社区和养老服务机构开展康复辅助器具租赁和回收再利用服务。

二是推进养老服务模式智能化创新。创新居家养老服务模式，推进智慧养老社区建设，推广居家养老信息化示范项目，对接各级医疗和养老服务资源，开发建设医养统筹调度平台和信息系统，促进养老与医疗资源合理分配和高效利用，推动科技养老在社区层面落地。培育智慧养老服务新业态，优化养老终端设备设计与开发，整合利用互联网、移动终端、信息平台、公共服务等资源，建设养老服务智慧网络平台，提供紧急救护、家政预约、健康咨询、物品代购、服务缴费等适合老年人的生活服务项目，打造“没有围墙的养老院”。

三是加强养老科技创新体系建设。进一步强化养老科技创新体系顶层设计，国家科技计划设置要充分考虑老龄化社会的科技需求，比如将阿尔茨海默症、血管性痴呆等老年期多发疾病的早期干预和诊疗技术研究纳入相关国家科技重大专项。国家级制造业创新中心、国家工程研究中心、国家企业技术中心和国家实验室、工程实验室等建设，也要充分考虑人口老龄化带来的科技需求，加大老龄应用基础研究、养老共性技术研发及推广应用。加强公共服务平台建设，支持智慧健康养老领域众创、众包、众扶、众筹等创业支撑平台，推动建设一批智慧健康养老产业生态孵化器、加速器，加强老年创新产品测试、检测、认证、知识产权保护等技术服务。

四是推进养老科技协同高效创新。广泛运用物联网、大数据、人工智能、传感交互等现代信息技术，并与老年医学、护理学、人体工程、脑科学等结合。促进产学研、医养康等各方密切合作，推动关键技术、核心器件、重点产品研发。搭建信息共享平台，开展健康养老大数据的深度挖掘与合理利用，提升智慧健康养老产业的协同创新能力和产业化水平。制定实施税费、信贷等支持政策，加大市场培育力度，推动形成一批产业链长、覆盖领域广、品牌效益好、创新能力强的老龄用品制造产业集群。

日本“地域综合照护”养老服务资源统筹整合模式

——赴日“应对人口老龄化与养老服务业发展”培训考察分报告之五

刘军民　乔尚奎

居家社区养老是日本养老服务体系建设的重点，其主要做法之一是通过构建“地域综合照护体系”，统筹连接地域内医疗、预防、护理、生活照料、居住等各类资源，形成了整合型的医养康养服务体系，无间隙地高效满足老年人生命全周期、健康全过程的综合服务需求。相关做法和经验值得借鉴。

一、地域综合照护体系适应居家社区养老需求而生

在日本，多数人都希望在年老时仍能在自己熟悉的环境里居家养老，推行这种养老方式成本也较低。而发展居家养老

的前提在于，社区层面能组织提供综合连续、便捷高效、响应及时的医养康养服务资源，以满足多层次、多样化的养老服务需求。在这方面，日本根据地域福利理论，积极构建地域综合照护体系，探索了一条颇具特色、行之有效的路子。地域综合照护体系是指以地域为单位，通过将老年生活所需的各类服务统筹连接、综合集成，支持老年人在熟悉的居住环境里生活。最早提出“地域综合照护体系”理念的是日本广岛县御调町公立医院的一名医生。20世纪70年代，当地很多脑血管病人在医院接受手术出院后因家庭缺乏护理能力，一两年后又瘫痪不得不再次住院，并开始失智痴呆。为解决这一问题，该医生决定入户到老年患者家中访问，开展了护理、保健、康复训练等支援活动，这一做法有效延长了老年人健康寿命，并显著降低了费用负担。为支持这种探索，20世纪80年代御调町设立了福利与保健行政中心，成为地域综合照护体系的前身。此后，这一模式在日本多地得到推广。

日本自2000年起实行介护保险制度，《介护保险法》明确规定，各地应建立地域综合支援网络，为国民提供生活照料与社会照顾等全面支援的保障，以确保享有尊严的、尽可能自立的老年生活。在日本厚生劳动省的推动下，各地方政府及公共团体依据《介护保险法》及本地特点，从强化护理保险服务、推进与医疗的合作、加强护理预防、做好生活支援服务、完善居住环境等方面，逐步构建形成了地域综合照护体系。

二、日本地域综合照护体系的主要特点

地域综合照护基于“尊重、习惯、协作”三原则，是一种既

能有效降低医疗、护理等支出压力，又能最大限度延长老年人在家中有尊严的生活、提升老年人生活品质的较为理想的养老服务模式。

第一，在制度理念上，倡导自助、互助、公助、共助。日本社会认为，养老服务需求具有多样性、多层次、长期性，仅靠政府（公助）和社会保险（共助）是不够也很难持续的，必须以自助为基础、充分发挥社会各方互助的积极性。为此，日本倡导自助、互助、公助、共助的理念，鼓励家庭、亲属、邻里之间相互帮扶，促进老年人积极融入和参与社会。同时，日本十分强调老年人自理自立，认为过度护理反而会加速老年人衰老和机能衰退，主张通过必要的支援激活服务对象身体残存的机能，使其尽可能自立生活。

第二，在组织方式上，以老年人需求为中心、以社区为依托。养老需要一个长链条、综合性、连续性的服务体系。地域综合照护体系从老年人需求出发，一般以中学学区为单位、以步行30分钟以内为服务半径划分日常生活圈，组织提供综合性养老服务，及时有效满足社区居家养老的多样化需求。这一模式充分发挥社区的功能和优势，将以往自上而下“纵向提供”的社会福利体制变为以社区为依托的“横向连接”，并形成一个服务网络体系，使老年人在社区这一层面就能充分、便捷地享受到各项养老服务。

第三，在服务内容上，集“医、康、养、护、居”于一体。地域综合照护体系由居住、生活照料、康复护理、医疗、预防保健五大要素构成，相互协同、相辅相成，共同构成老年人生命全周期、健康全过程的服务体系。日本有研究机构指出，若把居住以及居住方式比成花盆，那么生活照料就是花盆里的土壤，若缺少土壤，即便把护理、医疗及预防“种”在花盆里，也很难“开花结果”、给老年人带来健康幸福的生活。

在运营机制上，设有专门的中心机构，形成多元主体参与的格局。地域综合支援中心是综合照护体系的运营主体，这些中心通常由市或町政府根据社区规模设立，也有的委托医疗法人、社会福祉法人、NPO 法人经营管理。中心配备主任护理经理、社会福祉士、保健师等团队成员。中心通过地域综合支援网络将医疗系统、照护系统、预防系统与居家系统链接起来，根据护理需求等级评定，有针对性地为老年人匹配提供医疗、预防保健、康复护理、生活照料、精神慰藉和临终关怀等综合性、专业化服务，并持续监督管理，确保服务质量。在日本，基本上每 1 万—2 万人口的生活圈都设有地域综合支援中心，目前全国已超过 5000 家。

三、借鉴日本经验，加快构建以社区为依托的医养康养结合机制

党的十九届四中全会明确提出，要加快建设居家社区机构相协调、医养康养相结合的养老服务体系。日本地域综合照护体系的经验启示我们，医养康养结合关键是要基于地域生活圈构建资源统筹整合机制。

第一，推进医养康养等服务资源统筹整合。当前我国居家社区养老存在的一个突出问题是，基层特别是社区公共服务资源配置的“碎片化”，十分有限的资源政出多门，由不同部门条线主导，难以统筹利用。应借鉴日本经验，从有效满足老年人健康养老的综合性需求出发，将各类资源的“条条主导、纵向管理”转变为“横向连接、域内统筹”，构建全面覆盖、功能完善、紧密衔接、综合连续的医养康养服务体系，为老年人提供健康期预防、患病期治疗、康复期护理、稳定期生活照料、临终期安宁疗护等一体

化的健康养老服务。

第二，加强社区养老服务功能建设。社区是社会治理、公共服务和社会保障的重要载体。从目前看，我国大多数社区养老服务中心功能不完善、机制不健全、专业化服务欠缺。应借鉴日本经验，加快完善我国社区养老服务功能，推进社区卫生服务中心、养老服务机构、老年活动中心、居委会等机构的功能整合，统筹卫生、文化、健身、康复、餐饮、家政等服务资源，发展日间照料、康复护理、助餐助洁助浴助行等服务，让老年人绝大部分需求在社区服务网络体系中就能得到有效满足。

第三，高度重视并支持开展护理预防。老年人到了高龄阶段都会不同程度出现身体机能退化，导致生活自理能力下降，甚至进入失能半失能状态。然而，这些机能障碍是可以通过功能性锻炼、使用辅助器具、改造居住环境来缓解或恢复的，这也是效果显著的政策干预。日本高度重视预防，将之纳入地域综合护理服务的重要内容，也纳入了介护保险的支付范围。建议我国相关部门在推进医养结合中，把针对老年人的健康教育、疾病预防、早期诊断和干预作为重要内容，既促进老年人健康自立生活，也减轻社保财务负担。

四、加强和创新社会治理

防范化解质量安全重大风险
亟须建立健全企业内部人员举报奖励制度

李钊

提前消除安全隐患，有效避免事故发生，是质量安全、应急管理等领域监管的重点和难点。国际国内实践表明，企业内部人员监督是防范化解风险隐患的有效手段，近年来曝光的西安地铁问题电缆、长春长生问题疫苗等一系列重大质量安全事件，大多源于内部人员举报。建议加快建立健全举报奖励制度，充分发挥企业内部人员监督作用，进一步健全质量安全社会共治机制。

一、保障质量安全需要企业内部人员积极参与

长期以来，我国质量安全以政府部门外部监管为主，但随着市场主体的快速增加，生产经营活动日益专业化、复杂化，新业态新模式大量涌现，企业制假售假、违规生产等行为更加隐蔽、更难甄别，很多是以前没有遇到过也看不懂的。监管部门执法力量、

专业能力相对有限，一些重大隐患通过日常检查甚至重点监管都很难发现。例如，2014年上海福喜公司使用过期肉事件，记者“卧底”两个月才得以披露，监管部门在时间精力上显然难以做到。相比之下，内部人员对企业情况了如指掌，若能通过有效机制让他们成为质量安全“监督者”，主动揭露企业不法行为，如同多了亿万双眼睛时刻盯着企业，将极大充实监管力量、降低监管成本、提升监管效率，对企业形成巨大威慑。

在鼓励社会及企业内部人员监督方面，我国部分行业和地方进行了积极探索。在2000年修订的《产品质量法》中就规定了有奖举报制度，食药、金融等监管部门也出台了相关具体规定，北京、上海、山东、广东、海南、陕西、深圳等多个省市相继建立食药安全等有奖举报制度。但从实际情况看，相关制度执行效果并不理想，很多时候只是“看起来热闹”，举报数量却没有大幅增加。主要存在以下问题：

一是奖励力度不够大。例如，上海市对食药安全举报行为，查实后按照涉案货值的2%—6%给予奖励，企业内部人员奖励比例可上浮1%—2%，最高不超过30万元。深圳市规定，员工举报本企业食品安全违法行为的，可按实际入库罚没款的30%给予奖励，最高不超过60万元。去年，我国共查处食品违法案件29.97万件，平均涉案货值0.25万元、罚款1.2万元。按上述比例估算，一次举报奖励仅有几千甚至几百元，远不足以调动内部人员的监督积极性。

二是保护措施不到位。内部人员举报需要冒着巨大风险，容易受到打击报复，轻则丢掉工作，重则人身财产安全受到伤害。现有制度一般对举报人信息保密作出原则性规定，普遍缺乏对举报人其他方面权益的有效保护。例如，深圳市4名员工举报所在超市使用过期食品原料，非但没有得到应有的奖励和保护，反而很快遭到单位解聘。由于举报人心存顾忌，很多地方都曾出现举报奖金长期无人领取的尴尬局面。

三是监管响应不积极。由于缺乏有效的督办问责机制等原因，一些举报线索没有得到应有重视和及时回应，在层层批转查办中大事化小、小事化了，最后石沉大海，以至于有人说“向监管部门举报，不如向新闻媒体爆料”。例如，某省2018年收到药品投诉举报6.3万件，仅兑现举报奖励88笔，有奖举报形同虚设。同时，现有制度对提供举报证据作出了较为严格的规范，客观上加重了举报人的举证压力。

四是配套环境不完善。在传统观念中，人们往往将内部举报视为“告密”，一般持负面态度，举报人因此要背负沉重的“道德”压力，处于不被周围人理解的孤立境地，造成很难在社会上立足和生活。同时，“多一事不如少一事”“监管是政府的事”等想法，也导致很多人不愿意主动揭发举报，纵容了企业的不法行为。解决这些问题，需要从宣传、教育、引导等多个方面共同发力。

二、国外企业内部人员举报制度实施经验

发达国家行业监管体系成熟，实际执行效果较好，除完善的法规、严格的执法等因素外，企业内部人员监督也在其中起着非常关键的作用。例如，1991年至2012年间，美国制药行业查处涉案金额最大的20例案件，由企业内部人员举报的占18例。据统计，在全球重大食品安全案件中，大部分也是企业内部人员、竞争对手或维权组织揭露的。发达国家之所以能充分发挥企业内部人员监督作用，很大程度上得益于行之有效的举报奖励制度，一些做

法值得我们借鉴。

在奖励方面，发达国家素以对企业违法行为的巨额处罚著称，在对举报人的奖励上也毫不吝啬。如美国《吹哨人保护法案》规定，举报人通过不同方式提供信息或参与调查、诉讼，可以得到企业罚金的 15%—30%。美国制药企业辉瑞公司的 5 名员工和 1 名医生，曾因举报该企业违法行为而分得 1 亿美元罚金。近年来，内部人员举报制度也广泛应用于金融监管等领域。2018 年，根据 3 名举报人提供的信息，美国证券交易委员会对美银美林银行处以 4. 15 亿美元罚款，3 名举报人因此得到 8300 万美元的巨额奖励。

在保护方面，许多国家制定了专门保护举报人的法律，例如美国《吹哨人保护法案》、英国《公众利益披露法案》、澳大利亚《举报者保护法》、日本《公益举报人保护法》、法国《举报政策法》，等等。上述法律对举报人的范围、保护机构、保护措施、保护程序、救济方式作出详细规定，提供人身、就业、免责等多项保护。此外，一些国家还设立专门的政府机构以及民间机构，对维护举报人合法权益提供支持。

三、建立健全我国企业内部人员举报奖励制度的建议

防范化解质量安全风险隐患，单靠行政监管远远不够，必须健全社会共治的体制机制，企业内部人员举报奖励制度是亟待补齐的关键一环。现阶段，我国尚未建立企业内部人员举报奖励制度的法律规范，尚不具备全面推行的条件，建议可先行在产品质量、食药安全、应急管理等重点领域开展试点，形成经验后逐步向其他领域推广。

*一要加大奖励力度。*重奖之下必有勇夫。要加快实施产品质

量安全等惩罚性赔偿制度，大幅提高企业违法成本和举报奖励比例，增强内部人员监督举报积极性。具体可借鉴国外做法，根据举报人贡献程度不同，按罚没款的10%—30%给予奖励，取消奖金封顶限制；对于揭发系统性、行业性安全隐患的，进一步提高比例予以重奖。有条件的地方可设立专门的奖励基金予以支持。根据举报人要求，提供灵活的奖金领取方式，取消或延长奖金领取时间限制。

二要健全查处机制。举报奖励制度不能成为花架子，必须做到有举报必查处。要畅通电话、网络、信件等多种举报渠道，允许匿名举报，拓展信息来源。监管部门设立专门机构负责处理举报事宜，及时对举报事项进行甄别、响应，完善举报案件查办责任制度，建立挂牌督办、交叉查办、飞行检查等工作机制，做到件件有回音、责任可追溯，形成内外监督合力。对有举不查、有报不理的，要严肃问责。

三要严格保护措施。将举报人信息列为国家秘密，实行严格保护，未经举报人同意，不得以任何方式公开举报人个人信息。对于工作人员泄露举报人信息、举报内容或者帮助被举报人逃避查处的，按照相关规定给予严厉处分。举报人举报其所在企业的，该企业不得以解除、变更劳动合同或者其他方式对举报人进行打击报复。建立举报人救济机制，在人身权、财产权、隐私权和劳动权等方面给予必要保护，打消举报人的后顾之忧。

四要做好宣传引导。加大对企业内部人员举报行为的正面宣传，强化举报人维护公共利益的正面形象，树立保障质量安全人人有责的价值导向。宣传普及举报奖励制度规定，鼓励更多知情人挺身而出，主动监督、揭露企业违法行为和行业潜规则，在全社会营造质量安全共治的良好氛围。

加快推进社会信用体系建设

张凯竣

社会信用体系建设对于优化营商环境、加强和创新社会治理、提高社会文明程度具有重要意义。义乌作为全国首批社会信用体系建设示范城市，进行了大量探索，取得了明显成效，同时也遇到一些困难和问题，为推进全国社会信用体系建设提供了有益借鉴。

一、社会信用体系建设构筑了营商环境新优势

近年来，义乌大力建设社会信用体系，对优化营商环境发挥了重要作用。

第一，夯实信用信息基础，推动数据归集规范化。义乌通过构建“1+2+X”工作格局，即“一套统筹机制、企业和个人两大信用体系、市场外贸金融网格等若干专业领域”，着力解决信用建设推进难、应用项目落地难等问题。按照“应归尽归、行为即信用”

的理念，全面归集62个政府部门、104家金融机构的1493个数据项，形成覆盖55万法人、230万自然人超过3.5亿条记录的多维信用数据库。建立信用评价模型，对企业、个人分别设定165个和173个加减分项，实施信用状况综合动态评价，对市场主体分设A—E五个等级，个人信用0—200分赋分。通过构建信用全生命周期管理机制，打造覆盖所有法人和个人的信用“一张网”，使信用成为所有主体的第二“身份证”。

第二，发挥信用核心作用，推动审批监管高效化。按照“你承诺、我先批，事后审、失信惩”的思路，义乌将信用体系建设贯穿事前、事中、事后监管全过程。推出“信用承诺制”审批，对信用优良的企业和个人通过书面信用承诺替代部分审批材料，实施“容缺受理”，先行发放证照，并对违背承诺主体建立失信记录，从原先“事前管审批”变为“事后管信用”。例如，对信用良好的企业和个人进行工商登记注册，免予提交房屋产权证明和租赁合同。今年以来，全市已在35个部门322个事项中实施信用承诺，累计承诺19万余次，简化审批9.3万人次。实施信用分类监管，依据信用等级科学确定检查方式、“双随机”抽查比率，对高风险低信用主体增加检查频次。

第三，优化信用共享平台，推动联合奖惩精准化。义乌将信用信息与本地“一网通办”“一网通管”等平台全环节打通、全流程关联，实现自动推送评价结果、自动匹配红黑名单、自动嵌入联合惩戒措施，确保应查必查、快速响应、奖惩到位。明确对不同等级（分数）主体实施联合奖惩的事项、环节和措施，合计制定127项激励措施和260项惩戒措施。例如，对信用等级E级企业，禁止入驻市场和园区，限制参与招投标、获取金融信贷和财政补助；对信用分120分以上个人，可享受停车、公交等打折优惠以及医院诊疗、车辆年检等“绿色通道”服务。截至目前，全市共有442家企业被限制财政资金补助，180家企业被限制参与招投标，600人被限制担任人大代表、政协委员或村干部，2600人次被限制金融信贷，直接促使失信被执行人主动履行案件470个、总金额达4亿元。

第四，加强信用价值转化，推动应用场景多元化。商贸发展方面，打通海关、税务、银行及地方信用，形成符合市场采购贸易特点的海关信用认证方案。金融支持方面，推出“一袋金币”电商融资服务平台，实时采集网店经营数据，实现电商企业信用变现，累计授信电商1211家、放款2.26亿。涉外管理方面，整合经侦预警平台、国贸综合服务平台等涉外信息，建立外贸公司、货运代理公司等信用数据库，基于外国人信用实施差别化签证、结汇、工作许可和来华邀请措施。城市管理方面，将占道经营、垃圾分类、共享单车停放、建筑垃圾处理、户外广告设置等情况纳入信用应用场景，义乌市综合行政执法局已开展应用事项核查超过5.5万次，联合奖惩7400余例，推动社会违规违例事件由政府查处向信用自我约束、失信自我修正转变。

二、社会信用体系建设面临的突出问题

从调研情况看，“信用义乌”建设取得了积极成效，但也遇到一些困难和问题，主要是一个地方探索实践有很大局限性，急需全国统一的顶层设计、规范标准和共同推动。

一是信用体系定位不明确。区别于国外信用应用侧重于经济金融领域，我国的信用应用于经济社会方方面面，内涵更大、范围更广。座谈中有关部门同志反映，目前全国上下对信用建设的

一些基础性、原则性问题还没有形成共识，例如信用的概念、范围、内涵如何界定；信用与法律、道德的关系如何把握；信用管理是否是行政手段，是否允许行政复议诉讼；等等。各地虽然推进信用建设的积极性都很高，但由于定位各有不同，在实践应用中差异性很大，难以形成协同效应。

二是信用作用边界不清晰。从义乌实践看，信用可以作为法律法规的有效补充，推动解决市场监管和社会治理中的顽疾痛点。但正因为其“管用”，一旦边界尺度拿捏不好，容易出现“失信泛化”“惩戒泛化”的情况，给人们正常生活造成困扰。目前国家层面对信用的边界尚无权威定义，哪些行为要纳入信用记录或列入红黑名单，哪些行为要实施联合激励或惩戒都未明确。有些地方在实践中，存在以信用惩戒代替问题解决、逃避管理职责的倾向，产生了不良社会影响。

三是信用建设标准不统一。目前义乌已制定了本市信用归集目录和评价标准，建成了全市统一的信用数据库和应用平台。但由于全国没有统一范式，数据归集项、字段、格式等标准都由各级各地自行制定，差异性很大，导致义乌数据无法与国家、浙江省、金华市等上级打通，也无法与其他城市互享互认。从全国来看，信用信息还没有真正实现全国“一张网”，“信息孤岛”现象仍存在于一些地域和部门间，各城市基本处于“各自为战”状态，无法真正达到“守信者一路绿灯、失信者处处受限”的效果。

四是信用评价体系不完善。信用应用场景的不断拓展，对评价的准确性、科学性提出更高要求。目前，义乌的信用评价体系还存在指标设定不够精细等问题，缺少对“偶发性”和“惯犯性”失信行为的区分，单一的综合性评价结果难以全领域通用，评价结果与应用场景的匹配度不高。从全国来看，社会信用体系建设总体仍处于初期阶段，尚未建立起一套完整科学的信用调查和评价体系，信用行为记录不完善、信用信息开放性不足，各种类型的信用数据五花八门，信用数据质量整体不高，制约了守信激励和失信惩戒作用的有效发挥。

三、几点建议

深刻认识信用体系建设的整体性和系统性，坚持顶层设计和实践探索相结合，政府推动与社会共建相统一，加强各级政府及部门间协调配合，培育和完善信用服务市场，使信用体系建设更好适应经济社会发展需要。

一是加快推进国家信用立法。目前，社会信用立法已列入全国人大常委会立法规划，要在充分征求各地各部门和社会各界意见基础上，加快推动立法进程，将信用系统的建设使用全面纳入法治框架之内。要通过国家信用立法，进一步明确信用的定义、内涵、界限，为地方开展信用体系建设提供制度支撑，指明实施路径。清晰界定信用激励惩戒的适用范围，明确失信所要承担的法律责任或行政处罚，防止失信“标签”滥贴与失信惩戒滥用，注重保护个人信息安全，保障信用交易规范有序进行。

二是加强信用标准统一和数据共享。加快制定全国标准，在数据字段格式、平台技术框架、网站展示形式等方面明确全国统一范式，构建上下共享互认的全国一体化平台，确保相关信用信息之间口径一致，便于彼此实现顺畅对接。国家各部委应强化条线指导，对本领域信用采集的范围边界等出台指导性意见，明确失信认定标准、奖惩措施、修复机制。优化信用评价指标体系和评价模型，制定完善公共信用综合评价办法，处理好国家统一评价结果与地区、行业评价结果的关系，提高信用评价的精准性、协同性和有效性。

三是发挥好地方信用建设的示范作用。城市是信用体系建设的重要实践者。要继续抓好信用示范城市创建工作，调研总结各地的做法成效和问题困难，形成更多可在全国范围复制推广的经验。继续实施并改进全国城市信用监测工作，使监测结果更加客观实用，为各地提升信用体系建设水平提供更多针对性指导，促进监测预警与信用工作的良性互动。

企业和专家反映生活垃圾分类工作存在五大问题亟待解决

龚健健　杨诗宇　李宏军

生活垃圾分类一头牵着百姓民生，一头牵着社会文明。近期，我们走访有关协会，与 10 多家垃圾分类企业和相关专家座谈，了解当前生活垃圾分类工作中存在的问题和进展情况。与会企业和专家一致认为，当前各地垃圾分类工作推进明显加快，但在形成垃圾分类的长效机制上仍然存在一些深层次问题，应重点关注并加以解决。

一、对垃圾分类自身规律的认识不够科学

与会企业和专家普遍认为，随着我国城市基础设施的持续完善和居民素质的不断提升，当前已具备全面推行垃圾分类的基础，但不少地方对垃圾分类规律的认识不够准确，一定程度上制约了此项工作的开展。

一是对垃圾分类目的认识不清。有企业和专家指出，垃圾首先是废弃物、污染物，有的还是危险物，资源属性较弱、回收再利用成本很高，比如塑料制品通过无害化回收利用的成本就显著高于新生产的成本。开展垃圾分类的首要目的是把污染物和危险废物剔出去，这对于保障生态环境安全和城市可持续发展具有重要意义。但现在有的宣传片面强调"垃圾是放错位置的资源"，将垃圾资源化利用与无害化处理割裂开来，误导了社会认知，"谁污染、谁付费"的责任没有落实到污染者，影响了垃圾分类工作推进的效率。

二是对垃圾分类的作用认识不清。有企业指出，有的地方将垃圾分类等同于垃圾减量，甚至认为垃圾分类可以部分替代基础设施建设，据此制定了垃圾减量化目标并层层分解，最后发现垃圾产生量并没有怎么减少，反而影响了对相关基础设施的投入。有专家测算，正在开展强制试点的某东部城市，垃圾减量不足3%。事实上，随着生活水平提高，人均垃圾产生量也会持续增长。

三是对垃圾分类长期性、复杂性认识不够。专家指出，推行垃圾分类，日本用了近30年，德国用了40年。我们很多城市急于求成，希望投入资金后立竿见影。有的盲目引入市场主体，大量购置分类桶箱，期望毕其功于一役，投放之后的收集、运输、处理等环节无法配套衔接，容易形成虎头蛇尾的局面，影响了群众参与的积极性。

企业和专家认为，垃圾分类是一项需要公众广泛参与的社会治理工作，不仅涉及每个人的行为习惯和自身利益，还涉及法律、经济、文化、教育等多个方面的问题，具有复杂性、艰巨性和长期性，需要久久为功、持续发力。建议进一步加大生活垃圾分类的宣传教育，全面客观介绍生活垃圾分类的目的和作用，提高社会各界对垃圾分类自身规律的认识。我国推行垃圾分类的方向明确，只要法规建设、机制建设、设施建设多管齐下，遵循规律、实事求是，垃圾分类的目标是能够实现的。

二、垃圾收运过程“邻避效应”凸显

与会企业和专家普遍反映，目前试点城市在垃圾分类收集运输的配套设施及体制机制上还存在短板。

一是在分类投放环节。一些企业反映，在个别城市设置垃圾箱房、垃圾桶站面临用地、规划等制约。不少企业认为，个别城市实行强制定时定点投放，对于双职工以及出差较多的人群很不方便，影响了分类投放的积极性。有专家认为，垃圾分类需要依靠财政大幅补贴，而一些城市竞相攀比，花高价钱配备了一些指纹识别、面部识别等智能化垃圾分类桶，这抬高了垃圾分类的成本。有企业认为，我国地域差别极大，有的城市没有考虑当地实际，搞干湿分离“一刀切”，起不到应有的效果。

二是在收集运输环节。有企业反映，城市转运站设计和布局规划不合理，转运站缺少厨余垃圾存放、再生资源回收等功能，实际上形同虚设。不少企业和专家反映，目前垃圾分类运输能力不足的问题比较突出，一些城市厨余垃圾和其他垃圾在分类后仍然混装运输，让群众有前功尽弃之感。企业和专家建议，前端垃圾投放方式应尽可能简单易行、操作方便，不能给居民造成太多烦扰。应加强配套用地供给，结合城镇老旧小区改造，合理设置垃圾箱房、垃圾桶站等收集点。中转站点应符合密闭、环保、高效的要求。中端的收集运输应以确保全过程分类为目标，建立和完善分类运输系统，加强标准化规范化执法，防止生活垃圾“先分后混”“混装混运”。

三、终端处理设施不堪重负

企业和专家反映，社会各界对“前端分好类，后端处理能力能跟上吗？”的问题十分关注。近年来，大部分城市市容环卫行业固定资产投资占比较低，以南方某城市为例，2017 年市容环境卫生投资仅为当年全市固定资产投资总额的 0.4%。不少试点城市的垃圾处理能力远不足以匹配生活垃圾分类处理的需求，特别是有害垃圾和厨余垃圾的处置能力严重不足。有害垃圾大部分没有进行无害化处理，厨余垃圾最后仍然是通过焚烧填埋的方式进行处置。

企业和专家建议，应采取“因地制宜、一城一策”的措施来应对分类后厨余垃圾比例骤增、处理设施不足的困境。对于人口密度大的城市，应尽快建立与生活垃圾分类投放、分类收集、分类运输相匹配的分类处理系统，根据分类后的干湿垃圾产生量及其趋势，加快建设更高标准的焚烧发电和厨余垃圾处理设施。对于人口密度小的地区，应统筹建设区域处置中心。对于经济欠发达地区，应根据当地发展实际和终端处理能力来决定垃圾分类推进的节奏与力度，不能一哄而上，更不能盲目加码、超标准推进垃圾分类。

四、分类处理废弃物出路不畅

我国的垃圾分类处理主要以焚烧发电和卫生填埋为主，部分城市的湿垃圾通过生物处理进行资源再利用。企业反映，当前比较突出的问题是，部分城市湿垃圾厌氧处理后产生的沼气、电力、堆肥等副产品面临无处可去的窘境，影响了企业加大投资的积极性。

一是沼气并网难。本来净化提纯环节的成本就较高，接入市政管网障碍还很多。比如，某大型垃圾处理中心反映，他们每天产生的沼气达 4 万立方米，该地区燃气价格 2. 3 元 / 立方米，如果能入网收入相当可观，由于没有通过并网审批，导致这些沼气除了少部分自用外，大部分只能白白放空燃烧。

二是发电并网难。除了垃圾焚烧发电上网难、补贴落实不及时之外，有些湿垃圾处理设施也将沼气进行发电，同样存在上网难的问题。

三是堆肥销售难。由于含盐量高，农林行业不愿意用。多位专家反映，我国畜禽粪便已处于饱和状态，并且存在无处可用的问题，更不用说沼渣堆肥了。

垃圾分类处理后的出路不畅，导致垃圾资源化利用效率低下，增加社会成本。企业和专家建议，统筹解决分类处理废弃物的出路问题。同时，加快可回收物的回收利用体系建设，推动再生资源规范化、专业化处理，促进循环利用；鼓励利用湿垃圾生产工业油脂、饲料添加剂、土壤调理剂等，或与秸秆、粪便、污泥等联合处置。

五、垃圾分类的产业支持政策不足

从产业运行角度看，只有使行业利润在全产业链各环节合理有效分配，才能实现垃圾分类产业的可持续发展。一些企业反映，地方政府的关注度集中在生活垃圾处理，废旧物资回收主要依赖于市场，造成废旧物资回收网络与生活垃圾收运网络出现脱节。有专家指出，由于垃圾的价值属性较低，产业链70%以上利润在资源回收利用环节，而这个环节又被大批个体小商贩和“拾荒者”自发形成的垃圾分类体系所占用，不但资源再利用程度低，而且造成其他环节上的企业运营艰难。比如，一家企业指出，由于可回收物较少，分类投放和分类收集设施至少需要每吨300多元的政府补贴才能维持正常运营；而有企业则表示，由于他们承包了整个城市的再生资源回收利用，在没有财政补贴的情况下，目前每年能有8%左右的利润率。

企业和专家建议，应加强可回收物的回收利用体系建设，健全再生资源回收利用网络，清理不符合环境卫生要求的违规站点，推动再生资源规范化、专业化处理。同时，进一步促进资源再生网和垃圾分类网融合，加强垃圾收运与再生资源回收利用的衔接，针对产业链条实施差异化财政补贴，从而保持产业合理营利水平，促进其健康持续发展。